Christa Kožik

Tausendunddritte Nacht

Gedichte

*Herzlichst für
Nicol
von der
Christa
Kožik*

MärkischerVerlag Wilhelmshorst
2001

*20.11.14
Potsdam*

Tage und Nächte

Tausendundzweite Nacht

Und als die
tausendundzweite Nacht
begann, sagte der
Sultan zu Scheherezade:
Na, schön!
Zwischen zwei Tränen
lächelnd
schlief Scheherezade
ein.

So
begann das
Jahrhundert der Frauen.

TAUSENDUNDDRITTE NACHT

Ich bin Scheherezade.
Abends hüll ich mich in
ein Gewand, bunt wie die
östlichen Märchen.
Doch erzählen muß ich
nicht mehr um mein Leben.

Habe gelernt,
in Stiefeln zu gehen,
aufzutreten, Faustregel:
Heutzutage nimmt
man nicht jeden.
Da muß er sich
erst mal beweisen.

Also, mein Sultan,
du bist dran.
Märchen erzählen kann jeder,
aber tausendundeine Nacht,
das sind fast drei Jahre,
da muß man sich schon
was einfallen lassen.

Sichelmond hängt
überm Hochhaus,
scheint uns aufs Bett.
Mitten im Satz
schläft mein Sultan,
schläft einfach ein.

Köpfen werde ich ihn
nicht.

OFFENE FENSTER

Ab und zu spuckte der
Himmel für uns einen Stern
in den Schnee. Wir wünschten:
Juninacht oder ein Bett,
keinen warnenden Zeigefinger.
Neidisch sah ich junge Frauen
Fenster verhängen.

Jetzt haben wir eine Wohnung.
Auf weißes Bettzeug scheint
träge der Mond.
Auf dem Dache greinen die Katzen.
Stundenschlag scheppert
und Jalousie.

Doch wir beugen uns weit
aus dem offenen Fenster.
Kann sein, daß der Himmel
ab und zu einen Stern spuckt.

FRAUENBILD

Nichts fehlt uns an Weiblichem.
Sind wir behelmt und gestiefelt,
hemdsärmlig noch gleichen wir
unserem Urbild.

Unser Tag, das sind
Blitze und Blumen
und die Augen, nicht mehr die
schwankenden Kähne der Sehnsucht.
Abgeschubst mit dem Fuß.
Dieses Ufer ist sicher
und uns gewogen.

Wir sind dabei: spalten Atome,
ebnen Berge, besteigen Kräne.
Härter wird da die Hand, doch
zärtlich genug zu streicheln
die Kinder.

Abends weht zärtlicher Himmel
ins Fenster, Mond hängt
müde in den Gardinen.
Da spieln wir gerne
das alte Spiel mit dem Apfel,
essen ihn restlos, fädeln
die Kerne als Kettchen
für den erhobenen Nacken,
Schaukeln im Baum
der Erkenntnis.

Ungestraft flattert
der kürzeste Rock.

JAHRHUNDERTELANG

                wählten Männer
sich Frauen aus.
Die warteten demütig,
sanft senkten sie
scheu den Kopf,
die Lider, den Blick
nach innen gekehrt.

Ich habe meinen
Nacken erhoben,
die Augen weit geöffnet.
Nicht ohne Staunen
sehe ich mich um.

Und wenn
mir einer so gefällt,
daß mir der Atem
stockt in seiner Nähe,
dann sag ich's ihm
vor allen
            — oder nie.

MEINETWEGEN SCHAUMGEBOREN

Irdisch und sinnlich bis
in den kleinen Zeh,
sanft und verbohrt
bin ich deine liebe
Göttin.
Anbeten sollst du mich
(und keine anderen Göttinnen
haben neben mir).

Meinetwegen schaumgeboren,
irdisch und sinnlich,
sanft und verbohrt
erfüll ich den Plan mit,
bin dein Abteilungsleiter.
Aber abends im Bett
vergessen wir das.
Da bist du mein lieber
Gott, dem verfalle ich restlos
bis in den kleinen Zeh.

Und im Übermut
kannst du mich hochheben,
hoch in die Luft.
Siehst du,
das zum Beispiel
könnte ich nicht.

Für Karla

DIE TRAURIGEN

           haben eine Insel.
Da treffen sie sich.
Weinen und lachen
sich aus.
Schauen vom Ufer
auf den grünen Fluß
Leben.
Beneiden die Birken
und Schwäne um ihren
weißen Hals.
Lachen über die Eiche
im Kohlfeld.
Und wenn sie traurig
genug gewesen sind,
fahren sie mit
Raddampfer und Blaskapelle
wieder nach Haus.

Brief meiner Freundin

... und dann eines Abends, es regnet und klopft,
ein trauriger Freund steht in der Tür,
schüttelt den Regen ab und beginnt
geheimnisvoll was zu erzählen
in Gleichnissen.
Nichts verstehe ich, bin viel zu müde vom Studieren,
den Kopf verstopft mit Büchern, Beine im Laufrad
Alltag. Du kennst das.
Er jedoch, der traurige Freund, hat sich aufgewärmt
mit meinem Wodka und wird nun direkter, sagt:
„... dein Mann ... also der ... betrügt dich ... und so ..."
Ich brech ihm den Satz ab, bitt ihn zu gehen,
verschließe die Türen, die Fenster.
Ach was, denke ich. Aber nachts um zwölf beginnt es
zu flüstern, aus dem Ofen, dem Wasserhahn, der Tür,
den Fensterritzen flüstert's Verrat.
Ich verhänge die Spiegel. Schlaf schleicht vorbei an
mir, reißt mir die Augen auf, ich liege still, halt mit der
einen Hand mir die andere, den Mund zu.
Als nichts mehr hilft, stopfe ich mir das Haar
in den Mund. Genug nun!
Nach drei Tagen kam er, liebenswert aufgeschlossen
für alle Sorgen des Haushalts, der Kinder.
Ich schwieg drei Tage, dann lobt' ich die andere, biß
mir dabei in die Zunge. —
Er ging wieder, kam wieder.
Ging. Kam. Blieb.
Heut sagt er mir: Ich bin gegangen
wie durch eine Tür, einen Bahnhof —
zu Dir.

So ein Herbst

Ich hatte gefehlt, ehegebrochen,
verstoßen lebte ich in Verbannung mit ihm.
Vor der Tür wuchs schon Gras.
Vergessen hatte man uns bald
über anderen Geschichten.

Wir warfen die Uhr in den Ofen,
richteten uns nach den Blumen.
Einsamkeit wuchs uns ums Haus.
Taten nichts gegen das Leben
und nichts dafür.

Durchschlichen den Bücherwald,
lasen Briefe:
„Wir wollen uns durch keine Not
der Welt aus dem Wege treiben
lassen, den unsere Natur uns wies."

Unsere Füße zeigten nur noch
sehr schwachen Abdruck im Staub.
Da fand man uns.
Ich lebte noch, war eben zäher.
Werde mich bessern.

ROSENHOCHZEIT

Heut zieh ich mein weißestes Kleid an,
mach mir Blumenaugen, bedecke mit Puder
auch die zehn Krähenfüße.
Spiegel, sei freundlich!
Er wartet auf mich.
Und dann geh ich zum Park
wie vor zehn Jahren,
die Bank ist besetzt.
Schwarze Vögel verschwindet,
Tauben kommt her.

Stell ich mir schnell noch vor
sein Gesicht, das vom Hochzeitstag:
wirkt etwas desinteressiert, gelassen,
aber dann dieses Lächeln wie ein Siegel
geblieben auf seinem Gesicht.

Zehn Jahre Mann und Frau, diese
Schlacht wird nicht mit Küssen
und Blumen geschlagen, denn die
Augen der Liebe gehen schnell über,
wenn des Alltags grüne Verbitterung Patina
zieht über Worte und Blicke.
Da kommt er.

Wir sehen uns an mit den
Augen der Liebe, sehen
die vielen Gesichter
hinter unserem Gesicht.

Und dann rechnen wir ab.

HOCHHAUSROMANZE

Schweigsamkeit aus Glas und Steinen,
tausendäugig diese Häuser.
Alle sehen ach so gleich aus.
Mancher hat sich schon verirrt.

Nein, ich bin kein Mädchen mehr.
Leb allein und hab zwei Kinder.
Tags sitz ich im Rechenzentrum.
Abends starr ich vom Balkon.

Werde eine Kerze zünden,
denn der Ritter kommt nach Schichtschluß,
stellt sein Blechpferd auf den Parkplatz.
Rasselt fröhlich mit dem Schlüssel.

Finster mach ich alle Stuben,
denn er soll mich lange suchen.
Sollen seine Sinne tanzen,
muß er mich im Dunklen finden.

Und wir stürzen in die Liebe.
Diese Nacht kennt keine Stunde,
die wir voneinander ließen.
Morgen sing ich alle Zahlen.

Liebe Nachbarin, verzeih mir!
Der da lag in meinen Armen,
ja, ich weiß, es war der Deine.
Ja. Er irrte — in der Tür.

Schweigsamkeit aus Glas und Steinen.
Tausendäugig diese Häuser.
Alle sehen ach so gleich aus.
Mancher hat sich schon verirrt.

Diese Nacht

              in dem kleinen Hinterhotel,
und der Regen, der Regen, diese zärtliche
Trommel für nichtendende Freuden ...
Ach wie unendlich lang eine einzige
Nacht sein kann. In deinen Armen gehen
die Uhren anders ...

Nicht so traumlos zu fallen in bitteren
Schlaf, und morgens nicht bleischwer,
sondern in Augen, Armen und Beinen
heiter erwachen. Aufgeht wie Sonne
über mir dein Gesicht.

Und es steht nicht wieder die Frage:
Was soll aus uns werden?

Ein Märchen

frei nach Apuleus

Es war einmal ein Mann, der mochte nur
Gefühle, die eine feine Eisschicht trugen.
Er verspottete besonders die Frauen
und die Sprache ihres Herzens.
Seine Zunge – ein gezücktes Messer, das
die Wärme aus den Worten delikat entfernte.
Eisblumen waren ihm die liebsten.

Eines Tages entbrannte er in Liebe zu einer
jungen Hexe. Sie zauberte des Nachts und
er belauschte sie und in ihm wuchs die Lust,
ihr nachzutun.
Sanctus mirakulum ...
Doch aus Versehen wurde er zum Esel.

Die junge Hexe lachte schadenfroh
und offenbarte ihm, nur wenn er Rosen fräße,
würde der Zauber brechen und
er sei wieder Mann.
Nun irrte er Jahre durchs Land, doch
die Rosen, die Rosen entzogen sich ihm,
der doch Eisblumen liebte.

Schwestern, Freundinnen, Frauen,
solltet ihr mal einem Esel begegnen,
so seid gnädig und gebt ihm
Rosen zu fressen ...

Antwort der manierlichen Brünetten an den Verehrten

nach Celander

Ich thu dir alles zu Gefallen
   Es sey auch immer was es sey
Hilf mir dabei die Zeit durchschauen
Gib Hoffnung mir gegen das Grauen
   Und daß das Schwächere stärker sei.
Ach thu mir dieses zu Gefallen.

Ich thu dir alles zu Gefallen
   Und helfe dir dein Amt zu tragen
Ich will in guten und in schlechten Tagen
Dir stets die lautere Wahrheit sagen
   Der Hoheit deines Geists vertrauen.
Ich thu dir alles zu Gefallen.

Ich thu dir alles zu Gefallen
   Und werd zu keinem Unrecht schweigen
Daß Lust zur Wahrheit die uns eigen
Sich nicht in Unlust hin verkehrt.
   Ich weiß wie fein dein Herz dies hört.
Ach thu mir dieses zu Gefallen.

Ich thu dir alles zu Gefallen
   Begehre deine Herrlichkeit
Und laß mich tief von dir durchdringen
Laß für dich Fußglöckchen erklingen
   Und lieb dich mit beseelter Lust.
Ich thu dir alles zu Gefallen.

Ich thu dir alles zu Gefallen
 Es sey auch immer was es sey
Und wenn sie mich als Hexe brennen
Werd stolz ich deinen Namen nennen
 Und gebe laut mein Lieben kund.
Ich thu dir alles zu Gefallen.

Ich thu dir alles zu Gefallen
 Daß wir zwei Hälften sind von einem
Daß wir auch nicht den Schmerz verneinen
Zum Kern von Geist und Leib hinfinden
 Uns nur durch Sehnsuchtsfäden binden.
Ach thu mir dieses zu Gefallen.

...
Ich thu dir alles zu Gefallen
Und geb mich selber doch nicht auf.

Sie verlanget nach der Nacht

Brich doch an, du dunkles Wesen
    Komm doch endlich, liebe Nacht
Der mich vor sich auserlesen
    Ist auf meine Lust bedacht
Eines Morgens war er da
Als ich schon zum Abend sah.

Liebe Nacht, auch ich will diesen
    Seine ganze Herrlichkeit
Bringt mir zärtlichstes Genießen
    Gießt mir Feuer in den Leib
Bringt mir Licht für meinen Geist
Neu werd ich und mädchenleicht.

Nacht, sei freundlich, Nacht, beschütz uns
    Glocken läuten Liebe ein
Will in seinen Augen liegen
    Seinen Armen schlafen ein.
Will sein ganzes Wesen kennen
Ehe sie mich als Hexe brennen.

Nacht, sei freundlich, Nacht, beschütz uns
    ja, wir wissen, was wir tun.
Unsre Lust ist uns verboten.
    Müssen fremd und heimlich tun
Weil uns Ehefäden binden
Unser Glück im Finstern finden.

Paris ist die Schönste, sagst du.
Aber in deinen Armen liegen
unendlich viele, schönere Provinzen der Liebe.
Liebster, es treibt mich zu dir.

Verwünschung

Wie verfluche ich manchmal dich und dein Tun.
Unentwegt weltweit. Und sollte ich mal kurz sterben,
erfährst du's zu spät oder gar nicht.
Go to the devil or to his wife!

Höchstens mal deine gezwungene Stimme
am Telefon im Ton eines fernen Freundes.
Wo soll das hin? Und wie lange?
Ich darbe. Ich darbe.

Aber dann endlich nach dreißig Tagen Ebbe
wieder eine ganze Nacht Flut,
die reißt uns den Himmel auf,
schäumt zu den Sternen.

Alles tu ich dir zu Gefallen. Alles ist dir verziehen.
Und egal, ob es regnet, schneit oder hagelt,
ob Himmelbett, Schuppen, Interhotel.
Unser Bette, es grünt.

Und ich preise nun wieder die Anziehungskräfte
des Mondes, denn die Flut hält schön an in mir,
und ich hüll mich in ein selig-besänftigtes Schweigen.
Grüße den Mond zum Abschied und dich.

Und werde warten aufs neue ...
Go to the devil or to his wife!

Die Schatten

           aller heraufbeschworenen Worte
legten sich auf uns.
Das Glück der Nächte war
zurückgeschlagen
ins Nichts.
Entschieden war: alles
zu teilen.

Möbel und Bücher –
das war einfach.
Schwer war's
bei den Kindern.
Jeder bekam zwei
halbe.

„Ach, Gott, der fügt
das schon wieder zusammen",
sagte die alte Nachbarin.

Ach Gott – ach Mann.
Und keiner sagt:
„Ach du liebe Göttin!"

Kleines Nachtgespräch

Madame, sagte der Fremde leise:
ich will.
Monsieur, sagte Madame,
ich nicht.
Schön still war es nun und
einsam auch, und die Lampe
machte ihr rötlichstes Licht.

Madama, fuhr er fort, ich
wollte mich nur eines schlimmen
Verdachtes berauben.

Welchen Verdachtes, Monsieur?
Daß es ...
gar nicht mehr geht, daß man's
möglicherweise verlernt hat
wie ein Lied. Bedenken Sie doch,
wie schrecklich!
Oh, Madame, Sie ahnen ja nicht,
wie schnell man's verlernt.
Oder es schläft plötzlich ein ...
für immer.

Er kam mit den Lippen ganz nahe,
küßte kundig Madames liebes Ohr,
ihr Haar sprühte Funken, als er flüsterte:
Oh, Madame, es gibt ja so viel
ungeschickte Frauen ...

Madame machte sich los und
sprach süßen Tones: Monsieur
werden im rechten Moment
ein Zeichen erhalten für
einen Nachhilfe-Kurs en amour
und zum gemeinsamen Singen.

EDELMANN, LIEBER,

                        komm bald
über mich und bringe mich wieder
zu mir in meine heitere Mitte.
Denn ich habe mich schon allzuweit
von mir entfernt. — Es geht der Körper,
der vertraute stille Verräter, heimlich
die eigenen Wege und läßt mich
einfach im Stich ...

So daß der Spiegel mir gleichmütig
flüstert: laß ihn doch gehn ...
Schönheit entsteht im Auge des Liebsten,
heißt es. — Ich bin, was ich bin,
in deinen Augen und Armen.
Nur deine Hände, dein Mund,
deine Herrlichkeit bringen mich
wieder zu mir.

NEIN, ICH WILL

                dir nun nicht
mehr entkommen.
Meine schönen Reste gehören
einzig nur dir.
Mehr kann ich dir nicht mehr bieten.
Meine Schuld ist es nicht ...

In deinen Armen schwinden die Ängste,
die Ohnmacht, daß der Körper, der
vertraute stille Verräter,
sich gegen mich richtet,
sich heimlich davonmacht
mit meinen schöneren Sachen ...

All die Verluste sammeln sich
in den Augen, umgeschmolzen mit
Zärtlichkeit, Andacht und tieferer
Freude durchglänzen sie uns die Nacht.
Und wir vergessen die Spiegelbilder
von einst ...

Liebe mich, bis es zu hell wird, Herz
meines Herzens. Ich will
dir nun nicht mehr entkommen ...

Heimkehr

Und als er wieder,
der MANN, so auftrumpfte
laut, mich so allein ließ
mit mir, nicht half
waschen, kochen und dasaß
wie ein Denkmal,

da kam der Tag, da
brannte ich durch,
ritt ihm davon
als Zirkusreiterin, Braut
eines anderen
auf einem von
Chagalls weißen Pferden,
das trug die Geige
im Maul.
So.

Allein war er.
Leer das Bett,
der Teller.
Der Fernseher lachte.

Lange nicht kam ich zurück.
Dann — das weiße Pferd
ging uns durch, war nicht
gewöhnt an Autostraßen.

Zu Fuß, ermattet, kehrte ich heim.
Aber denkt nicht, ich wäre besiegt.

Für Christian

Ich bleibe bei dir, weil
dein Lachen ein Siegel ist,
dein Auge mein Spiegel ist,
du die Brücke zu meiner Insel bist.

Ich bleibe, weil meine Gesichter,
die frühen und glatten,
bei dir bewahrt liegen, alle.
Und weil die Zeit, die noch bleibt,
zu kurz wär, daß einer mich
kennen könnte wie du.

Drei grüne Einsamkeiten
bin ich hinter der Welt
und dir zurück und
wünsche: bleib.

Sieben Nachtstücke

I.

Wir haben uns die Nacht geteilt.
Dein Lächeln legte sich auf meine Haut.
Der Kerzenschein und ferne Melodie,
die haben eine Kuppel über uns gebaut.

Und wir empfingen Glückwunschtelegramme
als Schattenspiel auf unsere Wände.
Die Autos schickten sie durchs schmale Fenster.
Mir war, als ob die Welt sie an uns sende.

2.

Nein, wir beschlafen uns nicht,
wir bewachen, begehren,
belieben einander,
umfangen, umschlingen,
umarmen, umbeinen uns
immer wieder und neu.

Schöner Gedanke: einstens
geteilt durch Götter
in die zwei Hälften
männlich und weiblich.
Dazu der Fluch zu suchen
jeder die zweite Hälfte.

Manchmal tief in der Nacht
spüre ich,
deine Hand ist die
Schnittfläche meiner Hand,
und mein Mund ist die
Schnittfläche deines Mundes.

Und in des Leibes Mitte geschieht
die Vereinung der beiden Hälften.
Traurig ist nur, es dauert
das Suchen zuweilen
ein Leben.

3.

Unsere Jahre sind nun gezählt,
liebster Freund. Und du solltest
nicht so in der Arbeit versinken.
Ewig nicht bleibt uns die
Lust zu lieben.

Ja, noch blitzen die Augen dir
auf in wildem Begehren. Alles
gehorcht deinem Willen, und deine
nicht kleinzukriegende HERRlichkeit
vollbringt Wunder auf Wunder.

Und ich wünsche, daß wir nie
ferngehen und fremd
uns werden — aus Liebe.

4.

Warten und Schweigen sind kalte Zonen, und
das Wort Sehnsucht ist viel zu klein für
den Zustand, daß die Seele gefriert.

Warten ist eine offene Wunde, und mir bleibt
nur, dich tief und leuchtend zu lieben.
Es lächelt dein müdes Gesicht aus Papier.

Ich weiß, deine Tage sind beladen wie
sinkende Schiffe. Doch vielleicht eines
Tages kommst du ...

mit einem Zug, einem Omnibus oder Fahrrad,
stehst dann plötzlich vor meiner Tür,
so, als ginge es um das Leben ...

5.

Ach, was habe ich schon von dir zu erwarten:
dreißig Tage Abwesenheit und immer die Angst,
daß dein Körper dich plötzlich im Stich läßt –
für immer. Und ich erfahre es erst durch die Zeitung.

Und das geht und das geht, die Tage rinnen
mir durch die Finger, Bitterstoffe sammeln
sich nachts in den Augen und
verwüsten mir meinen Mund.

Einmal ist alles zu Ende.
Und dann ist es vielleicht
die Liebe gewesen ...

6.

Märzsonne brach sich kostbar
im venezianischen Spiegel ...
Dort an der Treppe hast du
lange auf mich gewartet, und
es fand dein Mund, was er suchte.

Im April lag ich nackt
in deinen Augen. Im Mai und Juni
waren wir taubstummundblind
vor Liebe ...
Im Juli kam Weinen und Bitternis.
Im November verging alle Hoffnung —
neu zu beginnen.

Wie erlöse ich mich jetzt
aus den Jahreszeiten der Liebe?
Diesem Reigen aus Freude, Bitterkeit,
Hingabe, Schmerz und Lust und
Glück im Finstern?

Es welken mir Augen und Hände
vom Warten, und ich bin schon
zu müde, mit dir in die nächste
Stadt der Liebe zu fahren.

7.

Diese geheimen und blitzenden Luftlinien
unserer Blicke in der Menge.

Fremd, übermütig und heiter gaben wir
uns, und es lag noch der Atem des
Sommers auf unserer Haut.
Es war die hohe Zeit der schmerzenden
Sehnsucht gezählter Tage, der wechselnden
Städte und Hotelzimmer und verfehlter
Begegnung im Regen.

Und wenn nach langen Wochen
wir uns endlich fanden, ganz
gleich wo, es verging mein Mund
an deinem Mund, und unsre Zähne
berührten sich, daß in kleinen, harten
Funken der Widerstand aufblitzte.

Auf blanken Schenkeln lag
die Verheißung ausgebreitet,
immerwiederkehrend stürzten wir
so in die Liebe blindlings,
als gelte es jetzt, ein
Feuer zu löschen um den Preis
unsres Lebens.

Gesichter

PORTRÄT EINER FRAU

Meiner Mutter Hedwig

Sieben Lieben haben ihren
schönen heiteren Leib durchfahren.
Siebenmal gekreuzigt worden.
Auferstanden siebenmal.

Seht, da geht sie nun
im Schatten fremder Küsse —
Die Verzückung wich
dem Schweigen ...

Ihre Schritte schreiben aber
keine Reue in den Sand.
Steine fliegen, keiner trifft sie.
Aufglänzt kupfern ihr Gesicht.

Sieben Lieben haben ihren
schönen heiteren Leib durchfahren.
Siebenmal gekreuzigt worden.
Auferstanden siebenmal.

MEINER SCHWESTER

Wir haben das oft gespielt:
Schneewittchen im Backtrog du
und ich die Zauberin.
Dann noch Jäger und Zwerge,
ein Prinz und ein Apfel.
Doch das ist weit.

Der Tag,
der einzige wohl, da viele
über dich sprechen, lange und leise.
Dein Lächeln gläsern
im Sarg, kein Hauch,
zerbrochene Spiegel die Augen,
Ebenholz deine Haare,
milchweiß die Haut, kalt
ist der Tag.

Da gehn wir dir nach über
Tannennadeln, es stehn Fliegenpilze,
rote, ja wirklich. Und der Regen legt sich,
und es duckt sich der Wind.
Alles atmet und lauscht ...
Will denn keiner stolpern
für dich?

Äpfel gibt es
von Bäumen, deren Wurzeln
sind klaftertief.

Für Maxie Wander

DAS also war es:
das einzige LEBEN
den Kopf auf dem letzten Kissen
schläfst du ins Jenseits
der Schmerzen.

Da reckt der Novemberbaum
sein Kreuz in den Himmel
hat weiße Blätter mit
schwarzem Rand, Lesezeichen
den Freunden für deine
ungeschriebenen Bücher.

Gefangen
im letzten Traum
des Lebens, dem Tod
ruhst du im Raume
unsrer Gedanken
im Raum der unsichtbaren Bilder
ohne Atem ...

George Sand

Aurore L. Dupin

Aurore,
der Morgen torkelt
in die Spiegel
des Salons.

Da sitzt eine
in Männerhosen,
füllt sich den Mund
mit Wolken, pafft's
als Rauch in starre
Masken:
„Schillerndes
Chamäleon, Hexe
mit Rabenhaaren ..."

Frédéric,
der liebt sie.
Die Weiden im Garten
von Nohant sind schwarze
Notenzeichen im Schnee.
Die Sonnenuhr
verschneit, Schatten
der Krähe hockt sich
ihm aufs Lid.
Die Augen brennen

       ... Aurore ... Aurore ...

Hölderlin und Susette G.

Ihr nanntet euren Hunger
überirdische Liebe.
Vergingt in Worten nur.
Ach — warum habt ihr euch
nur in den Augen gelegen?

Mußte vom ersten Blick
jeder Gruß Abschied sein?
Kanntet zu gut auch das
Symbol des Myrtenbaums
für Liebe und Tod.

Von Anbeginn genötigt
zu heimlichen Zeichen,
trug sie das Kleid,
sie sagte: in der Farbe
seines Herzens.
Drin starb sie auch.

Als er den Weg übers Gebirge ging,
leuchtete ihm durch Kälte,
Hunger der Nächte
ihr Gesicht, bis es erlosch
in jener Juninacht.

Es wurde dies der Tag,
da sich das Leid der Jahre
gedrängt in einen
unglückseligen Moment

verdunkelnd über seine Sinne legte.
Und er sich vor sich selbst
zurückzog.

Und vor der Unmacht seiner
Zeitgenossen, Freunde,
ging nun sein Leben wie
eine Sanduhr aus.
Doch ohne die
bedeutungsvolle Enge,
die Sand in Zeit verwandelt.
So rannen
sechsunddreißig Jahre.
Einsamer kann ein
einzelner nicht sein.

Ihr nanntet euren Hunger
überirdische Liebe.
Vergingt in Worten nur.
Ach — warum habt ihr euch
nur in den Augen gelegen?

Annette von Droste-Hülshoff

(1797-1848)

I

Mitternachts
in der Spinnstube flüstert
die Amme die schaurigen Märchen
vom Moor.
Zeit rinnt —
Moos auf die steinernen Ahnen.
Hier hat die Fee in die Augen
des Kindes Perlen geschüttet.
Hanf gab die andere in Fülle
fürs seidene Haar.
Heimlich entflieht die Kleine
den düsteren Stuben,
steigt auf den Turm und gibt
in verbotener Lust ihr Haar
dem Freunde, dem Wind.

II

Herz, rote siedende Quelle,
triffst nicht zum Flusse.
Burschen wagen sich nicht
an die Zarte, Zerbrechliche,
in deren Traum der Liebste,
ein weißer Priester, erschien.
Siehst du die Schwalben,
sie fliegen tief,
künden Gewitter an.
Hör doch —
die Märzstürme.

Mit ermattenden Händen
schließt sie die Tore,
behütet die Blumen. Bleich ist
der Maimond.
Herzsprung hin zur
efeuumwucherten Mauer.
Zeit rinnt — Moos
auf die steinernen Ahnen.

Tod der Dichterin E.S. *

Mädchen,
eine Amsel nistet in
deinem Herzen, ängstlich
singt sie, wenn
nachts der Schwarzmäntelige
über die Eichenholzschwelle
schleicht.

Der zückt sein spitzes
Messer, ritzt jede
Nacht tiefer den Schnitt.
Kichernd wischt er
das Messer an deinen
Wangen, die röten sich
falsch.

Morgens
im Spiegel lächelst du,
schiltst die furchtsame
Amsel.

Eines Nachts fällt die
Rose, die Amsel
fliegt fort, singt
über Kareliens Wäldern.

* *Edith Södergran, 1892-1923, finnisch-schwedische Dichterin*

Else Lasker-Schüler

(1876-1945)

In das Labyrinth der
Träume stellte sie
Spielzeug, pflanzte Blumen,
in die der frühe Hagel schlug.
Und ER sah zu und neigte
sich nicht zu ihr ...

Und kam die Nacht, die
dunkle Gauklerin,
in deren Schwarzhaar
Liebende die Nester bauen,
glich ihr Bett dem
verschneiten Garten.

Das Hexagramm auf Deutschlands
düstrem Himmel brannte.
Sie floh. Die Bahnhöfe der Welt
war'n offene Türen zu endlosen
Straßen. Laternen stützten diese
Weltverlassenheit.

So wurden ihre Augen leere Boote,
das schwarze Wimpernsegel
müde eingezogen.
Auf greisem Lid die Einsamkeit
wog schwer, und alle Träume fielen
als Tränen in das Tote Meer.

Schirin

Schirin, das Wasser, es läuft dir nach,
sagen die Männer der Wüste, Ingenieure
des Wassers, deine Kollegen
am Kanal Kara-Kum.
Schirin, das Wasser, es liebt dich,
drum läuft es dir nach.

Es zeigt dir dein Spiegelbild:
schwarzhaarig und die Lippen
Korallen wie deine Schwestern
aus der tausendundeinen Nacht.
Aus dem Ärmel schüttelst du Sand, darauf
wachsen Blumen und Äpfel.
Und der Bagger, der rostige alte Saurier,
dreht seinen eisernen Hals
nach dir um, Schirin.

Das Wasser, es läuft dir nach,
sagen die Männer der Wüste
am Kanal Kara-Kum.
Das Wasser, es liebt dich,
drum läuft es dir nach.
Und wir, schöne Schirin,
tun es auch.

Und so wird unser
Kanal Kara-Kum immer länger.

BIBI CHAN

Die Moschee Bibi Chan in Samarkand
wurde gebaut für eine Prinzessin —
Bibi Chan, Tamerlans fünfzigste Frau.
Sie ist das größte Liebesgedicht
aus blauem Stein, sagt die Legende.

Die Moschee Bibi Chan hat
fünf Jahrhunderte überdauert.
Nachts schreien Vögel im Turm.
Bibi Chan, wie hoch war der Preis?

Unsere Männer und Liebhaber, die uns
nicht mehr erwerben, erkaufen, sondern
sich einfach bemühen müssen,
die uns nicht mehr besitzen, sondern
Last und Lust mit uns teilen,
nein, sie vermögen nicht, uns solche
prächtigen Liebesbeweise zu schaffen.

Sie baun Kanäle, Kraftwerke, Kindergärten,
Krankenhäuser, Fabriken, Wohnblöcke,
weniger schöne, doch nützliche
Zeichen der Liebe.

Und so wollen wir sie loben.

Sappho

Die Dichterin ließ ihre Insel —
zurück blieben Wolken,
die kommen als Regen
in diesen Sommer,
der seinen ganzen Himmel
ausschüttet
über uns.

Sappho
die Zauberin in grünen Schuhen.
Ihre Worte Silberklang,
schöne Rätsel in Bildern
gleiten aus ihrem Ärmel.
Ihr Garten liegt brach —
wer warf den letzten Stein?
Die Götter verharren
im eisigen Schweigen.

Sie
läßt zurück ihren Schatten, weiß
in der Luft, schwarz
voller Mißtraun
geht die Zeit uns
mitten durchs Herz.
Trink nur
den Wein Wahrheit,
die ich glauben will
aber muß.

(1980 für S.K.)

Seefahrerinnen

Gehn wir an Bord, der Wind bläht
uns morgenfrostig die Röcke,
schief hängt ein später Mond
überm Fischkombinat.
Wir entfahren den winkenden Händen,
Möwen begleiten uns weit.

Meer, einsamstes Wasser,
Dich zu erheitern, türmt der Himmel
Bilderbögen aus Wolken,
die berühren Dich sanft.
Wir befahren Seite um Seite,
Wasserbögen schlagen Musik,
in Deiner Wiege schaukeln die Fische,
sanfte Heringe, Dorsche,
arglos sinken die Netze,
dann ergießt sich metallene Flut
auf die groben Planken.

Neunzig Tage und Nächte auf See —
das Wasser verwischt
die Gesichter der Kinder ...
Nachts kriecht Mondlicht unter die Lider,
baut Brücken ...

Gehn wir im Hafen wieder an Land,
legen wir in die Hände der Kinder
Herzmuscheln und Korallen.
Nachts kriecht Mondlicht unter die Lider,
webt Netze ...

Ich

        bin ein Widerspruch.
Du siehst es
an meinen Augen:
das eine lacht
das andere weint.

Und innen siehst Du
den Regenbogen.

DENKSTEIN

        für eine, gestorben an
Selbstverwirklichung,
zerbrochen am Widerspruch
von guten Gesetzen und
praktisch unmöglicher
Durchführung ...

Sie war zerbrechlich.

Die Andere

Als ich sie sah zum erstenmal, noch unbewußt und
reinen Herzens, in der Freude eines Festes schwamm ich,
war Auserwählte, trug ein langes weißes Kleid
und lächelte, wie Siegerinnen lächeln – und Törinnen.

Als ich sie sah zum zweitenmal, Eisstücke fielen.
Ich spürte hart auf ihrer Seite
das Gesetz und hielt mich fest
an dem zerbrochenen Zaun.

Als ich sie sah zum drittenmal, an
seinem Arm und an der anderen Hand
hielt er das Kind,
verbrannte es mir das Gesicht ...

Trifft sie mein Anblick ebenso?
Verbrennen und erfrieren ihr die Sinne,
weint sie des Nachts, verstopft den Mund
mit ihrem Haar, um nicht zu schrein?

Ich weiß es nicht. Und will es auch nicht wissen.
Nur eines gibt es, was uns eint:
daß wir uns um der einzigen Liebe willen
alle so unsäglich zerquälen müssen.

Medaillons

KARLA

Die Hälfte des Le-
bens verging, da dachten
wir immer noch, es beginnt, das
volle, das große, das berauschende Le-
ben, so ungeheuer und ungezügelt wie
der Atem des Meeres. – Still fließen die Bäche
Halb-Glück und Glücks-Rest, und das Meer ist
so weit, und der große Akkord längst im Alltag
verklungen. Con sordino calando. — Dein schö-
nes tapferes Lächeln im demi finale. Wach
endlich auf! — Deine Schönheit wird blasser,
und ich ertrag's nicht wie du mit müden
Augen von der Empore des Theaters
zusiehst, wie der schöne Stern
deines Lebens sinkt ...

KATHARINA

Die Kindfrau mit
slawischer Seele und dem
Madonnengesicht zeigt sich einmal
im Jahr, leuchtend wie ein schöner Ko-
met geht sie auf, besucht alle Freundinnen,
bezaubert die Männer, behütet die Kinder
der Schwestern, schweigt an den Gräbern von
Mutter und Vater ... Verklärt allen ein wenig
den Alltag, ruht in sich und lächelnd geht sie,
wie sie gekommen, zurück zu ihrem Lieb-
sten und in die tausend Verstrickun-
gen. Film dort in dem anderen
Land, wo sie uns aber nahe
ist wie zuvor.

Gabriele

Schöne Freun-
din mit Sommerspros-
sen, du lachst oder schimpfst
gewaltig. Und wenn wir nicht ar-
beiten, streiten wir über Filme und Bü-
cher und Gott und die Götter und reden
über die lieben und unlieben Männer und
sind uns einig, wer ein Edel-Mann ist. — Auf
ihre Herrlichkeit trinken wir weißen Wein aus
sehr großen Gläsern. — Und nur wenn wir allzu
schmerzlich verletzt sind, schlagen wir heftig die
Tür zu für immer. — Unsre Geheimnisse hüten wir
feierlich, die verwandeln sich später in die wärmen-
de Decke Erinnerung, blaue Trösterin alternder Mäd-
chen. — Was tun wir nur, wenn wir alt sind und artig
sein müssen mit unsren Puppenlappen, den Hemd-
chen, Spitzen und Strumpfhaltergürteln, den losen
Nachthemden, den schwarzen und weißen Strümp-
fen? — Wir werden ein Feuerchen machen. An ei-
nem grünen Tag im Frühling laden wir alle, die
wir geliebt haben, ein und feiern Abschied. Aus
sexzig wird sechszig! Wählen dann dunklere
Farben, vielleicht auch Kapott-Hut mit
Schleier für schlechte Tage. Und nun auf
solche Weise mündig geworden und
silbergrau, fahrn wir zu Katharina
mit dem Alters-Express in
die superkontinentale
Welt ...

Johanna

Beneidenswert
viele Leben hast du gelebt
als Jenny, Lucetta, Armgart, Yvette, als Grusche, Orsina, als Hexe und
Clown und als Johanna, die Heilige. Spieltest dein Leben in den Provinzen, starbst
manchmal den Kunst-Tod, doch die Kunst hat
zum Glück was vom Vogel Phönix. Und vielleicht nennt man Annaberg einstens Johannaberg.
— Unversehrt kamst du nach Potsdam, hebst deine
Stimme und deine Beine seit Jahren auf- und abwärts
im Kabarett mit „Volldampf woraus" und „Immer wieder blüht uns was". — Dein lachendes Auge weint, und
dein weinendes Auge lacht. — Als Frau warst du vielzulange dort bei dem einen im Großenbruderland. Große Lieben gehen gelegentlich unter an
der Beladenheit unserer Zeit. Fernweh hilft Altwerden. Und so lebst du als fröhliche Vegetarierin zwischen Gefährte, Kind, Katze und
Kabarett. Und es ist die Zeit ein Keil, der
treibt uns voran. Und was wir wirklich gewollt haben, wissen wir
erst am Ende.

Ingeborg

wohnt im Bücher-
wald, hütet die Bücher und ihr
Talent und schreibt so langsam, daß
selbst die Schnecken erblassen, denn sie
geht streng um mit dem Wort und strebt nach
Vollendung ihren Göttinnen nach, haßt den Zerr-
spiegel Kleinstadt und schreibt in der Enge zwischen
Herkunft und Bücherwald winkt manchmal ein Zaun-
pfahl bei Grenzüberschreitungen, sprießt im Halbschat-
ten Glück, doch es kommt aus ihrem Mund keine Klage.
— Der Bücherwald wächst alphabetisch, kein Wind
weht wild in den Blättern, und so drängen die geistigen
Riesen die Zwerge, einmütig gehn so die Jahre. Männer
kamen und gingen, geblieben ist bisher keiner. Es sei
das Wort Liebe nicht nur Beschwörung! Vielleicht ei-
nes Tages erwachst du, siehst dich um mit frem-
dem Blick, steigst mit kleinem Gepäck, den
Büchern und Manuskripten und deinen
ungeborenen Kindern beherzt ein
in den großen Zug
Leben.

SCHNEEWITTCHEN

Schwester,
dein Tod schlug
mir ein Zeichen auf die
Stirn. Schnee fällt aufs Grab,
schwarz steht die Weide. Den
Spiegel zerschlag ich, – schneid
mir die Scherben in die Fin-
ger. Mein Blut tropft in
den Schnee... Wie sehr
ich lebe.

TÄNZERIN

Sie ist blond
und hat ein blondes We-
sen, sie ist hell und licht wie
die Birke, die dem Wind leise
Harfe ist. Ihre Haut ist nicht no-
verberfreundlich, Nieselregen
macht sie krank und matt. Wie ein
müdes braunes Blatt sah ich sie
durch nasse Straßen gleiten. —
Als der graue Schnee getaut,
blühte wieder Haar
und Haut.

CAROLINE

Frau zwischen
zwei Türen, der Haus-
Tür und Welt-Tür, da steht
sie, Haus-Frau und Welt-Frau.
Öffnet sich ihr die eine, fällt ihr die
andere schmerzlich ins Kreuz. Frau
zwischen zwei Männern, dem lä-
chelnden Slawen und diesem fer-
nen Edelmann, da steht sie,
küßt sie der eine, streift ihr
der andere wie Fön
über die Haut.

CHRISTIAN

Der mich liebt, legt
mir keine Rosen aufs Kissen,
doch er kennt meinen Herzschlag
genau. Er hat ein lustiges und ein trauri-
ges Auge und öffnet mit seinem Lachen ver-
schlossene Türen. — Er lebt und liebt mit allen
Fasern und ist ganz MANN. Von einer fehlenden
Rippe kann gar nicht die Rede sein. Wäre er Adam,
es hätte wohl eher er Gottvater die Rippe entnommen
und ein Weibchen geschaffen, Halbgöttin mit vier Hän-
den – für den Haushalt. Und die Vertreibung aus dem
Paradies hätte nie stattgefunden. Ebenso nicht der Troja-
nische Krieg, denn als Paris hätte er einfach den Apfel
geteilt in drei Hälften und mit diesem Lächeln, daß jede
der drei Schönen glaubte, nur sie sei gemeint, hätte er
jede zur Schönsten gekürt. Als Prometheus heizt er
jeden Morgen vier Öfen, aber sonst streut er sich
keine Asche aufs Haupt. — Ob er aus Wasser
Wein machen kann, weiß ich nicht, jedoch
beschäftigt's ihn stark. Weitere Verglei-
che mit den großen Männern der
Weltgeschichte lasse ich
jetzt.

Kinderfarben

Frühe Kindheit

Als Kind ging ich gern durch die Blumen
und mochte die Spitzen der Saat.
Da lag auf dem Feld in den Gräsern
ein junger toter Soldat.

Aus einer schlesischen Kleinstadt
war unser Treck gekommen.
Die Thüringer haben schnell noch
ihre Wäsche von der Leine genommen.

Als ich Brennesseln essen mußte,
fragt' ich Mutter, ob Gott Winterschlaf hält,
wenn statt blanker Regentropfen
Eisen vom Himmel fällt.

Der Junge, mit dem ich spielte,
der war am Morgen tot,
weil die Bombe das Haus zerstörte.
Und nachts war der Himmel rot.

Da kamen auch manchmal Kolonnen
mit vergittertem Blick und stumm.
Von Weimar her sind sie gekommen,
und oftmals fiel einer um.

Wir spielten gerne mit Scherben,
die in den Trümmern lagen,
und einer alten Standuhr.
Doch die hat nie mehr geschlagen.

Erst als der Krieg zu Ende war,
wurde mein Schlaf ruhig und tief,
und ich brauchte mich nicht mehr zu fürchten,
wenn ich zum Milchholen lief.

Kindheit

„Guter Mond, du gehst so stille ...",
sang ich und glaubte, daß er
die Kinder bewacht.
Aber der Alte war nur der
ewige Zeuge. Alles hat er mit
Gleichmut gesehen.
Der kannte den Vogelruf am Morgen
des Krieges und die Landschaft
nach der letzten Schlacht.
Dem versteinerte sein altes Mondgesicht
im Morgengrauen.

Ich schaue in den tiefen Brunnen
der Kindheit.
Unter der siebten Haut zuckt
manchmal die alte Kinderangst: Sirenen,
Bomben und Brände und Betten
im Keller.
Die Mutter betet zu einem Stein. Schreie
zersplittern wie Glas.

Und eine dürre Taube mit rotem Auge
starrt durch mein Fenster, und eine Stimme
ruft endlich den Frieden aus.

Mein kleiner Junge

Sonnenfünkchen befahrn seine Augen,
und ich-wir sitzen am See.
Der November hat einen Himmel,
der ersäuft seine Wolken im Wasser.
Dumpfe Regenglocken: November, November.

Neben mir zeichnet der Kleine,
sein Bleistift huscht flink.
Er zeichnet den See und mich.
Der See ist kariert,
drauf schwimmt ein dicker Kahn,
und meine Augen macht er kariert
wie den See.

November, November, jawohl kariert.
Und ich schaue übers karierte Wasser
und wünsche mir solche karierten Augen.

Meine Katze weiss mehr

vom Leben als ich, Tag und Nacht streift
sie herum, ist mit den Augen, Ohren und
Pfoten immer dicht an der Erde.
Ohne jeden Respekt schleicht sie in
Amtsstuben, Schulen, Fabriken, Bahnhöfe,
Kaufhallen, Kinos, Kasernen.
Selbst vor Gefängnissen macht sie nicht halt.
Kostenlos nutzt diese Katze alle Verkehrsmittel,
keiner wundert sich, Strafe muß sie nie zahlen.
Fährt sogar Eisenbahn, das verrückte Tier, kann auch
umsteigen und passiert ohne Paß jede Grenze.

Dann wieder heimgekehrt, schmutzig zersaust,
dirigiert sie nachts wilde Katzenkonzerte zur Freude
der Nachbarn, fällt dann erschöpft in Tiefschlaf und
spielt tagelang harmlosen Schlummertiger.
Kicki ist wirklich mit allen Wassern
des Lebens gewaschen, statt Milch trinkt sie
Bier, wütend beißt sie in Zeitungen, wenn ihr
etwas nicht paßt. — Ja, sie steckt voller Unarten,
pinkelt mir in den Koffer, wenn ich verreisen will.

In einem alten Katzenbuch las ich, die Katze hat sieben
Leben und galt vor Zeiten als heitere Hüterin des Hauses,
der Harmonie, der Frauen und Kinder und als Beschützerin
der Wahrheit. Manchmal denk ich, sie kann
die Wahrheit riechen, und das ist ja nicht ungefährlich.
Ihre Augen, kleine Computer der kätzischen Weisheit.
Rebellion blitzt immer in ihrem Blick.
Katze, du lebst gefährlich!

KLEINES LIED

Wir stahlen uns eine Wolke
und spannten den Wind davor
und hißten ein rotes Segel,
durchfuhren das Himmelstor.

Und hättest du nicht heimlich
vielen kleinen Teufeln gewinkt,
da wäre es nicht geschehen,
daß unser Wolkenschiff sinkt.

MEIN KLEINER BRUDER

Dieser sieht ganz drollig aus,
Kulleraugen wasserhell,
und die Haut wie Marzipan,
auf dem Kopf ein Mausefell.

Kann nicht sitzen und nicht stehen
und hat doch schon Beine.
Rekelt sich den ganzen Tag.
Zähne hat er keine.

Angeputzt wie eine Puppe
wird er fürs Spazierengehn.
Tanten quaken, streicheln ihn,
ich werd gänzlich übersehn.

Dabei hab ich ihn ganz gerne,
wenn ich an sein Bettchen geh
und ihm was erzählen will,
nuckelt er am großen Zeh.

Wenn er abends schlafen geht,
riecht er wie ein Kuchen.
Wenn ihr ihn mal riechen wollt,
könnt ihr uns besuchen.

(aus dem Zyklus „Adrian Mäusezahn")

Der Drache

Der Staubsauger ist gefährlich,
ich geh nicht mehr an ihn ran.
Er ist ein verkleideter Drache,
was man nicht nachprüfen kann.

Er schlingt Streichhölzer und Knöpfe
und Pfennige, ich hab zugeguckt.
Und gestern hätte er beinahe
meinen kleinen Bruder verschluckt.

Der grüne Hund

Ich hab von einem Hund geträumt,
der hatte grasgrüne Ohren.
Er saß auf einem großen Stück Eis
und hat ganz laut gefroren.

Er fletschte die Zähne, die waren auch grün,
und bleckte mich mächtig an.
Und kam immer näher und näher zu mir.
Da hab ich 'nen Schrei getan.

Da kam meine Mama zu mir ans Bett
und tröstete mich schön.
Der Hund hat sich mit dem Eis aufgelöst.
Ich hab ihn nie mehr gesehn.

Unser Umzug

Es war einmal, da zogen wir um.
Das war ein Heidenspaß.
Die Möbel standen alle kopf,
und keiner fand mehr was.

Viel freundliche Onkels kamen zu uns,
ich öffnete ihnen die Tür.
Sie trugen immer ein Möbelstück
und tranken danach gleich zwei Bier.

So wurde es Nacht, und Mama hat
dann die Onkels schrecklich gemahnt.
Das letzte Möbel war der Babykorb —
mein Bruder hat von nichts geahnt.

Das Unglück

Ich habe mal einen Bonbon verschluckt,
das war ein großes Unglück.
Er steckte mir im Halse drin
und ging nicht vor und nicht zurück.

Ich schluckte und schluckte, der Papa riet
zu Sauerkohl oder Schmalz.
Die Oma schrie: „Nein, Kartoffelbrei!"
Alle starrten in meinen Hals.

Da kochte die Mama schnell einen Topf Tee,
da trank ich bestimmt sieben Tassen.
Da ist der Bonbon wie ein Eisberg geschmolzen
und hat sich dann schlucken lassen.

Beim Friseur

Gestern war ich beim Friseur,
meine Haare waren schon lang.
Ich saß mäuschenstill und lauschte,
wie die Schere sang.

Frau Friseur frisierte freundlich,
wenig Haare ließ sie dran.
Macht aus meinem Strubbelkopf
einen Samtkopf dann.

Ja, da war es wirklich schön,
ich geh sehr bald wieder,
denn mein ganzer Kopf roch dann
immerzu nach Flieder.

MEIN BLAUER TAG

Ein Tag war aus dem Kalender gefallen
und lag am Morgen vor meiner Tür.
Er sagte: Kind, du kannst tun, was du willst.
Ich gehöre heute nur dir.
Zuerst habe ich eine Stunde und mehr
in den großen Spiegel gesehn.
Ich kam mir selber so nahe wie nie.
Und die Uhr, die blieb freundlich stehn.

Dann ging ich aus der Stadt hinaus
mit 'nem Riesenlutscher im Mund.
Drei Katzen liefen hinter mir her
und auch ein dicker Hund.
Ich kam zu einem kleinen Bach,
wo blaue Vergißmeinnicht stehen.
Da hab ich mich nackt ins Wasser gesetzt,
und die Fische zupften an meinen Zehen.

Ich lag auf der Wiese, als glückliches Kind,
und der Wind streichelte mich dann wach.
Denn es war schon Abend, und über mir
fielen Sterne vom Himmelsdach.
Da fühlt ich mich plötzlich doch sehr allein
und beschloß, nach Hause zu gehn.
Mein blauer Tag drückte sein Mondauge zu.
Ich hab ihn nie mehr gesehn.

Eigene und fremde Gärten

Petzower Herbst

Für Jens Gerlach

Morgens fiel Schnee
aufs Haus der tollen
Einsamkeit
und meine roten Lippen
werden blau.
Schnee deckt die Rosen
die noch blühn
und letzte Äpfel
an schwarzen Zweigen
schmecken unheimlich
süß.

Kirche Maria am Wasser

Wir treten ein durch einen Rosenbogen
ins grüne Vlies aus Efeu, und
Vergessen tragen die Steine,
längst verblichene Zeichen
an die Lebenden.
Hier ruht
die Zeit in sich ...

Ich nenn die Efeublätter grüne Tränen.
Du sagst: Efeu schlägt seine Wurzeln
in den Augen der Toten ...
Nein!
Solange wir uns lieben,
sind wir unsterblich.

Stromabwärts trägt
die Elbe den Dampfer voller Kinder
wie eine Flaschenpost
des Lebens.

Neujahrsnacht 1977

Mitten im grünen Herzen von Thüringen liegt ein
Wasserschloß. Jetzt ist es Musenheim und
Museum. Schnee fällt am Nachmittag, und wir trinken
den roten Wein mit den Schwänen im Park.
Abends klingt mo-zart das Jahr aus.
In der elften Stunde der Nacht gelingt es, daß sich
die Gaukler mit den Gralshütern der Klassik verbrüdern.
Dann kommt sie, die Klippe zwischen dem alten und
neuen Jahr. Immer denk ich, ich fall da hinein.
Schlafen kann ich drum nicht, und so wandle ich
nächtens im weißen Gewand durch das Haus.
Alles schläft, und ich schleiche wie eine Katze
hinein ins Museum: Charlottens Zimmer, das Bett,
der Spiegel, der Schreibtisch aufgeräumt
vom Jahrhundert. Wolfgangs Tagebuchskizzen und Briefe
fein unter Glas „ ... ritt am Abend gen Kochberg, Fritz
schlief schon." Dann drei Punkte.

Nun kann ich nicht mehr widerstehn, leg mich aufs Bett,
Sünde, wenn das die Gralshüter sehn. Und lösche die Lampe ...
Kurz darauf Pferdegetrappel im Hof, tastende Schritte ...
die Tür öffnet sich: „Vollmond ist wieder, Liebste,
wie damals im Juni." Und es küßt mir jemand feurig die
Hand. Wach bin ich nicht, doch halt ich den Atem an,
stockfinster ist es zum Glück,
seine Hand begegnet nunmehr der meinen,
und weiter nehm ich ihn ganz für mich ein.
Da erscheint aber gerade der Mond,
diese neugierige Nachtlampe, und nun erkennt er,
daß ich nicht bin Charlotte.

„Donner", sagt er, „welch liebliches Auge ..."
Ich erkläre ihm kurz, wer ich bin.
„Eine Emanzipierte. So. So.
Ihre Auffassung vom Frauentum ist wohl etwas hitzig.
Doch erstaunlich, wie ihr Frauenzimmer nun recht kräftig
zur Machtübernahme schreitet ..."
Ich sage: „Ach, Wolfgang, weit ist der Weg,
im ZK fast nur Männer, und auch sonst:
Mannsbilder leiten uns vom Morgen bis in den Abend.
Manchmal fürchte ich, einzig zum Mittelmaß
sind wir bestimmt, und statt Welt- schaffen wir
höchstens Halb-Welt-Literatur ..."
„Na, na, na", meint er tröstend und schließt mir den Mund
mit dem seinen. Wirklich, der Mann war
nicht nur ein Dichter.

Beim Hahnenschrei schlägt er mir vor, mit ihm gen Weimar
zu reiten. Gartenhaus, flüstert er, ich sage Datsche, na gut,
und wir reiten nach Weimar. Schneeflocken fallen wie
flüchtige Küsse. Und dann muß wohl das Pferd gestolpert
sein ... Sonne lächelt aufs Neue Jahr. Das fängt ja gut an,
gleich mit Goethe ...

Aber geträumt ist geträumt.

Begegnung in Leningrad

Dreizehnmal schlägt schon die Glocke
von der Isaak-Kathedrale.
Ihre schwarzen Töne machen
Newa-Wasser glatt zu Eis.

Schneeweiß ist die Nacht
von Flocken leicht wie Federn
erdenwärts gefallener Engel.
Unbekannt ist deren Schuld.

Aus dem Schnee heraus tritt eine,
Mädchenfrau im langen Mantel.
Anna sucht den Weg zum Bahnhof.
Wo sie geht, da taut der Schnee.

Schellen klingeln, am Geländer
sitzt so ein Jünglich oder Mann.
Was für bunte Augen hat er
unter seiner Narrenkappe.

Zieht sie höflich und macht Handstand
„Eulenspiegel-Tyl mein Name.
Hab auf Sie lange gewartet.
Kenne Sie aus einem Buch."

Fassen sich gleich an den Händen,
laufen durch die kalte Pracht.
Niemand sieht sie, nur die Schatten
ihrer toten Dichter gehen leise mit.

Essen Schnee und rauchen Karo,
können ineinander lesen und vertauschen
ihre Seelen: slawisch grün wird seine nun,
Annas Seele bunt und tanzt.

Früh am Morgen eilen beide
hin zur großen Bibliothek,
wo der alte Pförtner Jegor
grad das Tor aufschließen will.

Sieht sie und brummt ganz verschlafen:
„Na, das wird ja höchste Zeit.
Marsch, zurück in eure Bücher,
Hat man so was schon gesehn ..."

Leningrad – Moskauer Bahnhof

Hier denke ich an die Karenina,
sehe die Züge, das Eisen der
Schienen wie blankgezogene Messer.
Nein, mein Zug ist es nicht ...

Der fremde Garten
(Volkslied)

Ach, Mutter, unser Garten ist schön,
doch hab ich über den Zaun gesehen:
||: da sind noch andere schön' Gärten. :||
  Kein Garten kann schöner als unser sein.
  Hier iß dein Brot und trink dein' Wein.
  Und schau nicht auf fremde Gärten.

Ach, Mutter, ich habe Lust auf die Welt.
Jetzt bin ich jung und brauch nicht viel Geld.
||: Und übers Jahr komm ich wieder. :||
  Hier iß dein Brot und trink dein' Wein,
  kein Garten kann schöner als unser sein.
  Der Vater hats Tor verschlossen.

Ach, Mutter, bin ich erst grau und am Ende,
da will ich nicht mehr in die ferne Fremde.
||: Jetzt hab ich Lust auf die Welt. :||
  Kein Garten kann schöner als unser sein.
  Hier iß dein Brot und trink dein' Wein
  und schau nicht nach fremden Gärten.

Ach, Mutter, was ist mit meinen Augen geschehen.
Ich kann ja gar keine Farben mehr sehen.
||: Das Fernweh macht mich ganz blind. :||
  Und bist du auch vor Fernweh blind,
  so werden wir für dich sehen, mein Kind.
  Kein Garten kann schöner als unser sein.
  Hier iß dein Brot und trink dein' Wein.
  Und denk nicht an fremde Gärten.

(1985)

Erinnerung an Gijon

Nachts als der Mond die Sterne anzündete und
auf geheime Weise das Meer anzog, das Kanabrische,
daß es aussah, als würde die Mondfrau Señora Luna
ein feuchtsilbernes Tuch wegziehn vom Lande. —
Da betraten wir mit den nackten Füßen den
Meeresgrund, sammelten Venusmuscheln und die
Luft roch nach heiliger spanischer Sünde.

Einer blies dann das Muschelhorn.
Dieser Ton traf mich mitten ins Herz.
Das bewegte sich und es bäumte sich wild
auf und wollte aus seiner Kammer. —
Doch mein Kopf kannte schon diese
kleine Revolution des Herzens.
Er schloß schnell die Herzkammern ab, alle,
und verstopfte die Ohren mit viel Vernunft.

Das Kanabrische Meer zog weiter hinaus
in die Nacht zum Großen Atlantik.
Morgen um sechs in der Frühe kehrt es
zurück an diesen Strand,
wie ich an den meinen.
Si, yo tampoco, Señor.

Der Kaiser von China

Schih Huang Ti, genannt der Erste,
ließ die Chinesische Mauer bauen.
Sechshundert Meilen ummauertes Reich,
um den Tod aufzuhalten.

Gleichzeitig ließ Huang Ti alle Bücher,
die vor seiner Zeit geschrieben, verbrennen,
weil sie die alten Kaiser rühmten,
und untersagte streng die Erwähnung des Todes.

Das Reich ummauern, den Tod aufzuhalten.
Die Vorzeit verbrennen, die Zeit aufzuhalten.
Vergessen zu schaffen und ewiges Leben für sich,
strebte er an. Und wollte einzig unsterblich sein.

Deshalb versteckte er sich in seinem Palast,
gebaut nach magischen Zeichen, ein
Labyrinth gegen den Tod, und suchte
verzweifelt das Elixier des ewigen Lebens ...

Die verbrannte Zeit wuchs nach
im Gedächtnis des Volkes.
Die Mauer steht.
Der Tod des Kaisers war kläglich.

(1987)

Nacht in Kandy

Immer fällt er aus heiterem Himmel,
der Regen fällt plötzlich ein in diese
blütenschwere Verschwendung des Gartens,
so wie der Tag hier in die Nacht fällt
ohne den dämmernden Übergang.
Doch schon nach Minuten versiegt er, und
es zieht dunkle Stille ein ...

Nur der Coha schreit plötzlich auf,
und im Tal der Könige schläft die
Vergangenheit, wie vorzeiten sirren
Zikaden, ein geheimer nächtlicher Chor
wispert die Lebens- und Todeslieder vom
allzuraschen Blühn und Vergehn
und vom selig ersehnten NICHTS ...

Einer aus meinen kälteren Zonen,
ein Botaniker und Pflanzenfreund nannte
die Insel Sri Lanka „Herz des
Paradieses", und auch mir erscheint sie
wie ein leuchtender Edelstein am Hals
der einst lächelnden Erde.
Große indische Ruhe —
versunken ruhen die Berge von Kandy,
schlafende Götter am Nachtsaum
des Himmels, und Stille geht um
wie die Gottheit ...

Hier gehn die Uhren noch anders,
es ist, als tropfe die Zeit
von den Bäumen, die schön-weißen
Tempel-Blüten fallen jede Sekunde,
bedecken den Boden als zeitlose
Blumen-Uhr.
Jede Stunde ertönt der Gong
vom Maligawa-Tempel, und die Feuertrommel
kündet von magischen Tänzen,
vom Kampf mit Dämonen im letzten
der Paradiese.

Es betäubt mir der süß-schwere Duft der
Tempel-Blumen das Herz. Ja, hier BIN ICH
eine Andere.
Haut und Haar sind mir schöner, und
biegsamer alle Bewegungen, eine braune
Fremde blickt aus dem Spiegel.
Und fall ich in Schlaf, es singen im Traum die
Fische von Batticaloa, in der Bucht schwimme ich
nackt im blau-grünen Wasser, um den Leib
eine goldene Schnur. Seltsam, in der Hand halte
ich meinen Hausschlüssel, was für ein Unsinn! —
Schwimme in ungezügelter Lust
durch die Brandung hinaus.

Und es flüstert vom Ufer die Schlange beschwörend:
„Welche des Lotos Frucht, die honigsüße, gekostet,
nimmer dachten zurück sie zu kehren
und Kunde zu bringen ..."

SANSSOUCI-LIED

In Sanssouci ging ich spazieren,
der Abend war dunkelblau.
Ich wollt mich in Träumen verlieren.
Die Linden dufteten lau.

Mir war sehr traurig zumute.
Mein Liebster mit loderndem Haar
hat mich ganz plötzlich verlassen.
Es gab nichts, das tröstend war.

Die Marmorgötter in Pose,
reflexloses Steinpublikum,
sie lächelten, zu ihren Füßen
krochen Käfer herum.

Und eine steinerne Venus,
die sah mich herausfordernd an,
zu einer der Flüsterbänke
zeigte ihr Marmorarm.

Ich lächelte über die Weisung,
doch ging ich dem Fingerzeig nach.
Was hatte ich schon zu erwarten?
Vielleicht, daß ich jemand traf.

Da kam mir ein Mannsbild entgegen,
ich war wie festgebannt.
Seine Augen, die glichen zwei Wassern,
die noch keinen Sturm gekannt.

Wir gaben uns viele Namen,
wir gingen bald Hand in Hand.
Wir trieben im Strom froher Leute,
als hätten wir uns ewig gekannt.

Und immer, wenn im Sommer
in Sanssouci die Linden blühn,
da schlendern wir beide zum Parke
und legen der Venus Blumen hin.

(1963)

Erinnerungen

Insel Hiddensee

Die Sommerriesin ist vom Möwenschrei
erwacht, reibt aus den gelben Augen sich
das Restchen Nacht und räkelt
sich auf weichem Kiefernfell,
blickt in den Spiegel,
ist mit sich zufrieden, stippt den
Finger ins Wasser, steigt hinein
und nimmt das Morgenbad.

Da hat sie uns entdeckt, hebt
sachte mit zwei Fingern uns hoch
auf ihre Riesenhand, ein winzig
Spielzeug wir, am Hange ihres
Zeigefingers: Insel für uns,
darüber streift ihr Atem, lauer
Wind aus Thymian und Tang.

GEDÄCHTNIS MARGOT

Sanft glimmt der Sommer aus,
orangene Glut erlischt
unterm währenden Regen,
erstickt im Nebel,
da verrosten die Weinblätter,
Ahorn hält sich noch gelb,
doch die Weiden haben sich längst ergeben.

Mit den Schatten
flüstert der Wind,
hoch fährt er,
doch zu entfachen ist nichts.
Letzte Blätter verlöschen im See,
der trägt sie,
bis sie taumeln, versinken.

Ach, nie so abfallen,
so belanglos,
getrieben
vom willkürlichen Wind.

REGEN RINNT,

>fahler Himmel,
Zeit, da ich eine
Vestalin sein möchte.

Atrium vestae:
säuerliche Reinheit
in grauen Decken.
Aber wenn ich
das Feuer hüte,
wird er vom Ufer
her winken und ein
Lager am
Flusse bereiten.

Und wenn die
Flammen zur Sonne
zucken —
werde ich mich
lebendig begraben lassen.

(1964)

LIEBESLIED

Komm mit mir zu den
Birken, Liebster,
küsse wie damals
mir sanft den Hals.

Leg meine Hände,
die müde geworden,
die Liebe zu halten,
die kleinen, ins Gras.

Greife die Stunden,
die dunkelblau waren,
von Sternen umschwommen,
und hol sie zurück.

Mond blakt am Himmel,
und trüb ist mein Auge,
Liebe zerrann wie
der erste Schnee.

Liebster, ach komm zu
den Birken und sag mir:
Liebe ist rein und
weiß wie der Schnee.

(1963)

Frühes Jahr

Liegen Steine, grimmes Grau,
grübeln mit der Quelle.
Tanzt die Wolke Himmelsfrau
mit dem sanftesten Geblau
über herbe Hänge.

Wenn das weiße Wasser sich
an die Steine stemmt
und der Wind im Übermut
alte Weiden kämmt,
geht das Jahr den Frühgang.

(1963)

Klage im Herbst

Gib mir das Meer zurück,
das dunkelblaue, tiefe,
in dem wir schwammen,
als die Sonne blühte.

In dem wir trunken, alle
Sinne badend, zwei Silberfische,
Grund noch suchten unterm Grunde,
Vermählte mit dem Tag von morgen.

Den Sternen haben wir die Hand
gegeben in den Nächten, da
wolkenweißes Wasser unser Bett
und Tisch und wir uns alles waren.

Es ist entschwunden, und die Tropfen
vom Regen auf dem Antlitz weinen.
Ich seh's im Traum: Das Blau trägt tote Fische,
und Wind nagt mürrisch an den kalten Steinen.

(1963)

Nachts im Schnee

Ihr schwarzen Bäume,
ihr senkt eure Schatten
vor meine Füße.
Euer Gezweig gibt dem
gewirkten Laken die Muster.
Noch weben die Flocken daran
und werden nicht müde.
Ihr Häuseraugen,
was blendet euch?
Ist es das Winterweiß?
Sind es Laternen? —
Ihr Tormünder gähnt?
Seid ihr des Winters
so müde?
Ich schreite euch ab
und winke.

(1963)

Winter

Winzige Schneespiegel
säumen die Mauer
und lächeln die Sonne an.
Noch sind sie Sieger.

Körnige Schneespreu
atmet die Erde,
und Fröste scheuern
den Himmel blank.

Die Birke bewegt sich verhalten,
als will sie das Spitzengeriesel
so schnell nicht verlieren
als Schmuck.

Zaunspitzen, weiß behauptet,
zeigen die Mützen mit Stolz
den Steinen der Straße,
die frieren.

(1963)

Die Novemberfrau

Im Mai ging die Novemberfrau
nach einer letzten Nacht mit IHM.
Noch einmal blühten im Dunkel
alle Korallen des Fleisches auf.
Dann blieb im leeren Raum das rote
Kissen, auf dem Boden zwei leere
Gläser, an der Wand ein grüner
Schmetterling, vom Bücherfrühling.
Die Vögel schrien ...

Ihre Korallenkette zerriß, rote Perlen
fielen auf den Teppich und
ins Nichts ...
Sie zerschnitt das seidene Hemd
in zweimal sieben rote Fetzen.
Auf dem Fensterbrett vereisten
die Maiglöckchen.
Die Vögel schrien ...

Sieben rote Haare ließ sie ihm,
sieben Korallen, unsichtbar
sieben Nadeln,
die kleine grüne Bürste für die Zähne.
Den Schlüssel warf sie von der Brücke
in den Fluß vor seinem Haus.
Die Vögel schrien ...

Sie ging im Morgengrauen.
Schwarz war der Himmel
vom Schatten des Regenengels.

Fand den Weg zum Bahnhof, das Eisen
der Schienen blankgezogene Messer.
Schwestern helft!

Novemberfrau, vergiß, vergiß
den Edel-MANN im Dreigespann.
Berauscht von
Jugend rast er
mit seiner Troika an ihr vorbei.
Das junge Pferdchen ganz vorn.
Wie lange, weiß der Teufel ...

Verstopf den Mund mit deinem Haar
und beuge dich dem traurigen Gesetz:
Nur FRAUEN altern!
Männer dürfen sich immer neu verjüngen
durch junge Frauen.

Sieben rote Haare, sieben Korallen,
sieben Nadeln und zweimal sieben Jahre
ließ die Novemberfrau zurück, Asche
im Herzen zieht sie die roten Schuhe an,
flüstert drei Wünsche für ihn
in den Spiegel: zwei gute, einen schlechten.
Die Vögel schrien ...

Denn wenn dereinst der grüne Mai
vorbei ist, kommt auch seine Zeit — NOVEMBER.
Das junge Pferdchen geht
ihm durch mit einem frischen
jungen Mann, wie's zukommt ihr und IHM.
Und aus Verzückung wird Verzweiflung.

Dreh dich nicht um, Gefährtin,
Companera seiner Tage bis
ans Ende fast ...
Dreh dich nicht um!
Noch bindet euch ein Lied:
„Mi vida, pienso en ti,
en ti, Companera de mis dias,
y del porvenir ...
Sin saber, el fin ... el fin ..."*

* Mein Leben, ich denke an dich,
an dich, Gefährtin meiner Tage
und der Zukunft ...
deren Ende man nicht kennt.   *(Victor Jarra)*

Bekenntnisse

Im Mai flog ich davon

Das Flugzeug landete auf
einer Wiese.
Und dazu eine Sonne.
Was für ein Tag!

In der Stadt, umgeben von
fremden Lauten, begegnete ich
Einem.
Seine Augen sprachen auch
meine Sprache.
Wir bestiegen die Türme,
sahen von oben bunte
Schmetterlinge, gepflanzt
aus Blumen.

Nachts
kam Gewitter auf, das Zimmer
wurde zur hohen Kuppel.
Wir tranken Wodka.
Was für ein schöner
tiefer Brunnen,
dieser Wodka.
Ihm entstieg
   Anna Karenina
im milden Licht.

Ach, du!
Verständlich, was du tatest.
Ich trinke auf dich,
gieße nach alter Sitte den Anteil

für die gestorbenen Lieben
aufs Tischtuch.
   Dir ist verziehn!

Und wer verzeiht es mir?
Denn sterben will ich
darum nicht,
sondern viel lieber
   leben.

Schöne Nacht

        schwarzviolett
verschwiegen freundliches Dunkel.
Noch dunkler mußt du werden,
denn Verrat ist im Gange,
Verrat, für den ich
nicht kann.

Schöne Nacht, Einsamkeit
fällt auf das Bett
und schlägt die sich lieben
schon vieltausend Nächte.

Trauer steigt auf,
in die Augen, die Arme
leer fallen Zärtlichkeiten
zurück in den Spiegel.

Schöne Nacht, sei nun freundlich;
mach mich taub, blind, unsichtbar,
denn ich will zu ihm,
dem anderen,
an dem meine Augen hängen
seit November.
Bei dem meine Sinne tanzen.
Der über mich gekommen ist.

Schon flieg ich auf,
ein mattschwarzer Engel,
von Liebe getragen,
paar Falten am Mund.

Und wenn ich ins Dunkel
falle, zerschelle,
meinen Namen vergesse —
　　　　ich geh.

Ein Sonntag

Ein Regen
zwei Regen
drei Regen lang
saß ich am Fenster
— wartete.
Abends kam einer, dem
war die Frau weggelaufen
zum nördlichsten Ende
des Landes.

Da tat er sich weh,
fiel die Treppe runter
und vor meine Tür.
Ich war gerade dabei,
mein angeschlagenes Herz
zu kitten.

Trösten konnte ich ihn,
so gut das eben ging.
Was für ein Abend:
Ein Regen
zwei Regen
drei Regen.
Und jeder sucht jeden.

Drei Tage regnet's schon

                    in mir, von toller
Einsamkeit steht leer
das Herz.
Der Tag treibt seine
lauten Dinge, und
ich erfülle meine Pflichten.

Am vierten Tage
hört der Regen auf,
da seh ich ihn
am Fahrstuhl stehn,
hält mit der einen Schulter
lässig die Türe auf
für seine Frau,
und ich kann ihre
traurigen Augen sehn.

Brief mit Antwort

Geliebte
mit dem Goldmünzen-Gesicht,
ich muß nach Haus. Die Frau
schließt schon die Fenster,
daß die Scheiben
brechen. — Wenn du auch frierst,
wärm dich am Feuer
unserer Briefe.

Geliebter
mit dem Erzengel-Gesicht.
Schneide dich nicht am
Fensterglas, wenn du hinaussiehst.
Das Feuer lacht, hat
lange nicht so heiße
Briefe gefressen.

Der Leib der Worte bäumt sich auf.
Die Sinne tanzen nicht mehr.

Das Fest ist aus

Verloschen die Kerzen, gesprungen
die Gläser, aus denen wir
heimlich den roten Wein
getrunken.
Und die Erinnerungen
scheuche ich aus dem Fenster:
Fliegt, fliegt
ihr törichten Vögel,
sagt ihm, er soll
andre betören.
Doch jede Nacht
tritt aus dem Spiegel
sein Bild.

Und dann ein Morgen

                da ich mein Gesicht
im Spiegel
nicht mehr wiederfinde.
Verloren
lächeln oder
schreien?

Ach, was —
Der Wind streift
müde um mein Haus.
Im Herzen bricht
kein Feuer aus.

TRAURIGER TAG

Es regnet
auf die Papierblumen.
Der Zirkus ist aus.
Geht heim, Leute.
Die Clowns packen schon
ihre Pappnasen ein.
Und der Regen,
dieses traurige Himmelspendel,
schwingt über mir
und verpatzt mir glatt
meine schönen Tränen.

Mein Geliebter kam

              gerade in jenem Moment,
als ich allein war
mit den Gestorbenen.
Diese umgaben mich schon
drei Tage, schweigend
schloß sich der Kreis.

Er lachte sie weg
mit seinen Augen und Händen,
wies sie zurück in jene Räume,
die mit den Füßen
keiner betritt.

Der Abschied

                am Bahnhof wie immer, frostige
Scheiben und noch einmal dein liebes Gesicht.
Ich weiß, ich muß nun wieder geduldig
werden und warten, Woche um Woche
kein Brief, keine Stimme ...

Schon am siebenten Tag fällt die Finsternis
mitten ins Herz und verlöscht dein Gesicht,
deine Stimme, die Spur deines Namens ...
Und eine andere Stimme flüstert: du mußt
ihm endlich entkommen ...

Da haben wir alles Glück, ein immer
grünendes Bett, ein Lachen für drei,
doch kein Kind gemeinsam und nimmermehr
einen gemeinsamen Tisch ...

Lange Wochen

                ersetzen die Dinge mir: DICH.
Eine Halskette, Bücher, die silberne Brosche,
die kleine Vase aus China, ein Tischtuch, das
Buch über Katzen und die winzigen Ohrringe.
Die Verzweiflungen kommen und gehn ...

Bis du am Ende eines todmüden Tages endlich
erscheinst. Wie ermattet du aussiehst, wie
verloren dein Blick, wie zaghaft die Hände ...
Ich vergeß alle leeren Nächte und falle
rückhaltlos mit dir ins Glück ...

Morgens durchsuchen wir fröhlich
das Bett nach dem *einen* Ohrring ...
Da blitzt die Sonne auf ihn, ein goldenes
Fünkchen, eine gleißende Spur der Liebe,
eine Hoffnung für immer ...

Mon ami, ich vergaß ganz das Leben,
es kann doch noch immer ein Fest sein.

Wieder diese graugrünen Tage

Ich krank im Bett und
du weltenweit.
Die Vormittage dunkel,
ein ewigwährender Regen.
Was tust du? Was tust du?
Die Vögel singen schon
in zärtlichen Sprachen.
Wo du bist, verrät
nur die Zeitung.
Käme doch deine Stimme
jetzt übers Meer oder
aus Buda oder irgend so
einem Flughafen.

Nein.
Nur die Postfrau klingelt,
der Nachbar, nachmittags
kommen die Kohlen ...
Verdammt sei
dieses Warten, der Regen
und du und dein
hochangebundenes Leben
und meine Krankheit,
die heißt: ich bin
deiner Seele schon
viel zu nahe gekommen.

WEISSAGUNG

Du wirst sie mit den Augen verfolgen,
so unauffällig, daß alle es merken.
Eines Abends wirst du sie, lieber Mann,
vor ihrer Tür nicht zufällig treffen.

Du wirst sie brennend begehren, stundenlang
auf sie warten, im Regen, im Schnee ...
Du wirst ihr Briefe schreiben.
Und du wirst sie in einer Nacht

irgendwo in einem kleinen Hotelzimmer lieben.
Du wirst erleichtert sein und ernüchtert.
Die Freude ist groß, das Fremde ist
jetzt das Vertraute ...

Sie wird deine Narben entdecken,
du wirst sie ihr erklären,
wie du sie mir erklärt hast.
Es wird regnen und schneien ...

Ihr werdet euch verfehlen, finden,
ihr werdet euch verstecken müssen.
Es wird sehr schön sein,
für eine Weile ...

Sie wird dir von ihren Männern erzählen,
nach und nach und mit Geschmack.
Und auch du wirst ihr einige Frauen
preisgeben, möglicherweise auch mich ...

Das bringt die Nähe so mit sich.
Und es wird nach alldem eines Tages
Reue aufblitzen und die Verwunderung, daß
nun alles wieder von vorn beginnt ...

Abschied

Mitte des Lebens

Du hast sechsmal eine neue Haut bekommen.
Du lebst relativ sicher, bist satt und frierst selten.

Du lauschst den Schreien der Welt und
ziehst am Abend die Vorhänge zu.

Die meisten Schleier hast du gelüftet und
keinen Gott gefunden und keine Göttin.

Du glaubst an die Kraft der einfachen Menschen,
an die bessere Welt und an den Sieg der Vernunft.

Doch das Feuer wärmt noch nicht die in der letzten Reihe.
Aus mancher Verklärung wurde Verzweiflung und Lüge.

Du trägst die Last des Dichters: aufrechtzugehen
ohne Bitternis zwischen Gnade und Ungnade.

Du bist angekommen bei dir. Der Spiegel ist unbestechlich.
Dein Gesicht entfernt sich weiter von deinem Gesicht.

Die Söhne haben die Augen und Hände von Mutter
und Vater und auch die Narben.

Du trinkst nun den Wein mit Wasser, und im Gedächtnis
des Herzens stehen die liebsten Namen und Sachen.

Du hast sechsmal eine neue Haut bekommen, verletzt und
müde bist du in Augen auf- und in Armen untergegangen.

Du trägst Küsse wie Scherben im Mund
und Küsse wie grüner Regen.

Den du wirklich liebst, dem hast du es auf
den Rücken geschrieben. Er kann es nicht lesen.

Dein Leib ist ein stilles Gefäß des Wartens.
Wann sind die Tränen versiegt? In welcher Nacht?

Die Spuren, die du hinterläßt, werden sein
wie die Gewichte, die du getragen.

Es wird Zeit, die Sprache des Jenseits zu lernen.
Gezahlt wird ab jetzt mit der Münze Wahrheit.

Wie kleine Bälle rollen die Augenblicke die Treppe
des Lebens hinunter, schneller und schneller ...

Jede Liebe hatte eine andre Farbe

so wie jeder Mann ein anderes Gesicht.
Manche hinterließen tiefe Narben.
Andere eine Spur, die nie verlischt.

Jede Liebe machte mich zu einer,
die ich noch nicht kannte – so.
Immer ging ein Teil von mir verloren.
Immer fand ich neu mich – trauerfroh.

Jede neue Liebe brachte neue Hoffnung.
Manche brachte mich um den Verstand.
Manche war ein kleines Freudenfeuer,
bis ich meine zweite Hälfte fand.

Fast am Ende dieses langen Weges
bist du es, der mich vollkommen macht.
Dein Gesicht beleuchtet mir den All-Tag.
Dein Gesicht erleuchtet mir die Nacht.

Einmal nur singt man das Hohelied

sagte der Alte an unserem Tisch.
Sey du mein König ...
Deyne Brüste sind lieblicher Wein ...
Unser Bette, es grünt ...
Ich sterb, wenn du gehst ...

Und wir tanzten taubstumm und
blind vor Liebe in dieser Provinzbar.
Yesterday, Yesterday ...

Die einzige Strafe,
sich einmal geliebt zu haben,
besteht in der Pflicht, sich
immer zu lieben,
sagte der Alte und trank uns zu.

Und wir lachten und lachten.
Einmal, hundertmal, tausendmal.
Ja. Ja. Ja. Und je länger, je lieber.

Und dann kommt sie für immer,
sagte er leise,
die müde Hölle.

Schwarzer November

Warten ist eine Wüste von unendlich fließendem
Sand ohne die gläserne Enge der Sanduhr.
Aber es treibt mich mein Herz, diese treue
Leibesuhr, täglich voran, geht meistens vor,
denn ich ertrage so schwer seine Abwesenheit.
Nein, im Warten bin ich nicht gut.
Endlos fließen die Wochen, die tausendmal
tausend Minuten gebannter Pflichten, und

Nichtigkeiten legen sich wie der Staub
aufs Gesicht des ebenholzfarbenen Buddhas.
Dessen Gesicht strahlt befriedete Ruhe aus,
ist ein Zifferblatt ewiger Zeitlosigkeit.
Seine geschlossenen Augen mahnen: NICHTS
zu begehren, damit nach Erfüllung der Wünsche
kein Schmerz des Verlustes entsteht.
Aber dies selige NICHTS ist mir nichts.

Lieber will ich warten und leiden.
Eine wie ich, mit der heftigsten Unruh' im Herzen,
die wartend brennt und brennend wartet
von Mond zu Mond, daß er sich zeigt,
Herz meines Herzens, ach so fern
seine Stimme und Schritte ...

Täglich bringen die Zeitungen mir die totale Zeit:
Raketenstationen, Sternen-Kriegsvorbereitung,
Terror, Widerstand, fremder Schmerz, Welten-Angst ...
Und auch die nicht geringe Hoffnung
auf die Kraft der Vernunft.

Und doch scheint die Welt in Halbschlaf gefallen.
Der November schleppt sich wie eine todmüde Alte
in nassen Kleidern. Nachts flattern Regen-Engel
vor meinem Fenster, gesichtslos verkündigen sie
mir die abgenutzt-traurige Botschaft, daß
mit dem Ende der Welt auch das Höchste
   — die LIEBE vergeht.

Fragment eines verlorenen Gedichtes

Es war Juni, das weiß ich noch,
und der Markt mit Blumen so voll
beladen wie ein sinkendes Schiff.
Weiße und rote Rosen kauften wir,
den blauen Anzug, das passende Hemd.
Nachmittags lagen wir dann in
Goethes Garten im Gras,
du auf den Lippen den Geschmack
von Hochzeit und ich den
Geschmack von Abschied.
So ist das Leben.
Warum immer so?

Wie ertrage ich jetzt deine
müde verschatteten Augen, deine tröstende Stimme,
die zärtlichen Hände und den nächtlichen Regen
und den immer neu aufsteigenden Jubel: endlich
gefunden die zweite Hälfte
und den ungezügelten Wunsch: alles
neu zu beginnen?

Doch schon beim Abschied am Morgen
waren wir wieder so verstrickt in die
kurze Zeit zwischen Leben und Tod.

Es wird langsam Zeit

Geliebter, die Sprache des
Jenseits zu lernen.
Man sagt, ihr Tonfall ist
leise und die Worte fallen
tonlos aus müdem Mund
wie abgestorbene Blätter.

So viele Sprachen des Lebens gesprochen,
fließend heiter, laut und leichtsinnig,
Sprachen der Kindheit,
Sprache des Leibes, der Verzückungen, der
geheimsten, der unaussprechlichen Dinge ...
Sprache der Unschuld, der Halbheiten,
der Verblendungen, Lügen ...
Sprache der schlagenden Worte.

Schweigsamer werden wir schon, es vergeht
zuweilen der Durst auf den Wein, der Hunger
auf Liebe, und Worte fallen wie Würfel.
Sanfter müssen wir nun mit uns
umgehen und einander berühren, als zerbräche
der kostbare Rest.

Komm, versiegle mir meinen Mund mit deinem,
und vielleicht lernt sich so leichter
diese letzte Sprache, bevor sie kommt,
die große Ausblende mit den
drei Buchstaben ...

Siebentausendundsiebente Nacht

Alltag ist eingekehrt, auch mein Sultan
ist älter geworden, müder sein Gang, und
nur selten noch sieht er sich um nach
fremden Beinen, und sein Blick sagt mir
dann, es lohnt nicht die Mühe. —
Fern, ach so fern die Legende der
Über-Macht Mann und daß ich einstens
vieltausend Nächte lang
Märchen erzählen mußte ums Leben.

Alltag ist eingekehrt, zeitlos die Ehe
nun, gleichberechtigt emanzipiert waschen
wir, kochen wir, kaufen ein, tun fast alles
gemeinsam. Jedoch, wo du bist, will ja
auch ich sein, und natürlich lieb ich dich
noch, deine Gesundheit ist meine.
Seine Gewohnheiten sind ja schon mir
auf die Haut gewachsen, und manchmal
borgt er mir seine Brille.

Aus meinen bunten Gewändern
nähe ich Vorhänge für die Bettchen der Kinder
der Kinder, in deren jungen Gesichtern finden
wir uns manchmal wieder, und so sind wir
nun doch unsterblich geworden durch Liebe ...
Silbergrau ist mir die liebste Farbe,
Scheherezade als Silberbraut, was für
ein seltsames Fest.

Wir verstehen uns schon durch Blicke,
spiegeln uns in den Augen des anderen.
Keine Bitterkeit mehr, friedliche Stille
im Schlafzimmerspiegel, und Sichelmond
hängt überm Hochhaus, manche Nacht
machen wir uns noch eine Freude, das ist wie
Abendlicht, im kleinen Garten blühen die
Herbstzeitlosen im blassen Lila, keine Nachtigall
schluchzt, und das Herz erzittert
nicht mehr bei seinem Schritt.

Und keiner trägt Schuld!
Wir unterliegen alle
diesem stille waltenden zähen Gesetz. —
Manche Nacht liegen wir schlaflos, und
mein Sultan läßt dann den Schnurrbart hängen,
und sein Blick sagt mir dann, daß auch er
erstaunt ist, wie unmerklich milde
Herzen verbluten ...
Weinend liegen wir uns in den Armen, und es
bäumt sich was auf in uns gegen das Ende
des Märchens.

Abschiedslied

Text: Ch. Kozik   Musik: Chr. Kozik

Kühl kommt der A-bend, ster-nen-los und uns-re Bank im Park, die ist be-setzt. Du sagst; die An-dre zö-gertst noch. Wir hal-ten uns die Hän-de bis zu-letzt. Ich stei-ge in die Stra-ßen-bahn und win-ke. Dein Ant-litz, schim-mernd hin-ter Schei-ben ver-zerrt sich, das wird blei-ben, ver-zerrt sich, das wird blei-ben. Dann

hebst auch Du die Lin-ke.

Fine

Sei, wie es sei, ich lau-sche noch voll Sehn-sucht uns-ren al-ten

Lie-dern. Die, die sich wirk-lich lie-ben, fin-den sich, und

D.S. al Fine

sei es auch nach Jah-ren, wie-der. Ich

Kleines Nachwort

*Zwischen zwei Tränen lächelnd
schlief Scheherezade ein.*

*So begann
das Jahrhundert der Frauen.*

„Wäre nicht die Brechung durch Ironie, würde man einige Gedichte für verspielt halten", schrieb Fred Wander zum Erscheinen meiner ersten Gedichte im ‚Poesiealbum' 1980. Der erste größere Gedichtband, der dann 1988 erschien, beginnt mit der ‚Tausendundzweiten Nacht' und endet mit der ‚Siebentausendundsiebenten Nacht' und umfaßt fünfundzwanzig Jahre meines lyrischen Schaffens.

Als poetisches Zentrum habe ich das Motiv der Scheherezade aus den Märchen der ‚Tausendundeinen Nacht' gewählt. Scheherezade, die um ihr Leben erzählen mußte.

‚Um mein Leben' erzählen mußte ich nicht, denn ich hatte das Glück, zu den Frauen der Nachkriegsgeneration zu gehören, denen Gleichberechtigung selbstverständlich und wie auf die Haut gewachsen war. Im Übermut habe ich das Motiv in einem Gedicht umgekehrt: der Sultan muß Märchen erzählen, denn das Jahrhundert der Frauen hat begonnen. Ansonsten habe ich versucht, viele Farben und Facetten der Liebe zu beschreiben: helle und dunkle, gebrochene und ungebrochene.

Und vor allem wollte ich das beschreiben, was hinter der Gleichberechtigung steht. So ist es ein Buch der Emanzipation im weitesten Sinne geworden: der Emanzipation der Liebe, die sich aus der allzu engen Umklammerung des liebenden Besitzanspruches zu entziehen sucht. Das lyrische ‚Ich' ist nicht immer mein Ich. Ich habe nicht im Hochhaus gewohnt und habe keine Scheidung erlebt. Aber ich kann es mir gut vorstellen.

Die Gedichte der Christa Kožik kommen dahergeflogen, als seien sie Vögel aus östlichen Märchen, manche schillernd und glitzernd, manche kokett zwitschernd, und doch spürt man: die sie absendet, ist eine Frau, die gelernt hat „in Stiefeln zu gehen", sie ist „irdisch und sinnlich bis in den kleinen Zeh". Ihre wachen Augen sind nicht mehr die „schwankenden Kähne der Sehnsucht", und selbst bei großer Traurigkeit schwingt eine leise souveräne Ironie mit. Sie hat eben ein lachendes und ein weinendes Auge.

Diese Zeilen schrieb Regina Scheer im Dezember 1988 in der Zeitschrift *Der Sonntag* nach dem Erscheinen des Gedichtbandes. Der Band war schnell vergriffen, aber die Nachauflage 1990 fiel durch die Wende wie in ein schwarzes Loch und kam im Zuge der großen Säuberung von DDR-Literatur mit hunderttausenden anderer Bücher aus DDR-Verlagen auf die Müllhalde. Es fand sich dort in bester Gesellschaft – neben Thomas Mann und Margarete Duras.

Mein Gedichtband ‚Tausendundzweite Nacht' war das erste Buch, das Dr. Martin Weskott, der „Bücherpfarrer" aus Katlenburg, in die Hand bekam, als er unzählige weggeworfener Bücher rettete. Das berichtete er mir, als ich innerhalb der

Reihe "Literaten von der Müllhalde" in Katlenburg lesen durfte.

Lamentieren ist nicht angebracht, denn meine Gedichte erleben durch den Märkischen Verlag Wilhelmshorst fröhliche Auferstehung: Ein wenig abgewandelt, im Titel und in der Auswahl. Denn in dieser Neuauflage finden sich auch allererste, frühe Gedichte.

Botschaften vom eigenen Ich zu geben sind immer ein mutiges Unterfangen. Aber ich habe die Hoffnung, daß die Leser in diesen Gedichten eine Widerspiegelung ihres eigenen Denkens und Fühlens finden. Ein großer Teil der Gedichte wurde von meinem Mann Christian vertont. Er hat die Seele der Texte in einfühlsame Chansons umgesetzt.

Christa Kozik

Potsdam im November 2000

CHRISTA KOŽIK

Am ersten Tag des Jahres 1941 in Liegnitz geboren, kam sie 1945 mit ihrer Mutter und Schwester als Umsiedler in ein kleines Thüringisches Dorf. 1953 Umzug ins Land Brandenburg;, ab 1965 Besuch der Oberschule in Kleinmachnow. Danach Lehre als karthographische Zeichnerin.

Zeichnung: Franz Haferland

1963 heiratete sie den Musiker Christian Kožik. Ihre Söhne Adrian und Sebastian wurden 1963 und 1966 geboren.

Nach einer Assitenz im DEFA-Dokfilmstudio absolvierte sie 1970 bis 1976 das Studium der Dramaturgie an der Hochschule für Film und Fernsehen Babelsberg. Ein weiteres Studium am Literaturinstitut Leipzig folgte 1977/78.

Seit 1979 lebt C.K. in Potsdam-Babelsberg und hat zahlreiche Kinderbücher, Spielfilme, Gedichte und Geschichten geschrieben. In ihren Werken dominiert eine eigenwillige und reizvolle Synthese von Realem mit Phantstischem.

Preise (Auswahl)
- Nationalpreis der DDR für Kunst und Literatur,
- diverse Filmpreise im In- und Ausland,
- 1991 Kinderbuchpreis der Akademie der Künste Berlin,

- 1997 Hauptpreis für Kinofilm beim Kinderfilmfestival *Goldener Spatz* in Gera.

Spielfilme (Auswahl)
- Philipp der Kleine (1976),
- Ein Schneemann für Afrika (1977),
- Sieben Sommersprossen (1978),
- Trompetenanton (1980),
- Moritz in der Litfaßsäule (1983),
- Hälfte des Lebens (1985),
- Gritta vom Rattenschloß (1985),
- Grüne Hochzeit (1989),
- Der verzauberte Einbrecher (1997).

Bücher
- Moritz in der Litfaßsäule, Kinderbuchverlag Berlin 1980, 7. Aufl.: 1994,
- Der Engel mit dem goldenen Schnurrbart. Kinderbuchverlag Berlin 1983, 4. Aufl.: 1994
- Ein Schneemann für Afrika. Kinderbuchverlag Berlin 1987, 3. Aufl.: LeiV Verlag Leipzig 1996,
- Kicki und der König, Ein Katzenroman. Kinderbuchverlag Berlin 1990, 2. Aufl.: Hochverlag Stuttgart 1991,
- Gritta von Rattenzuhausbeiuns. Altberliner Verlag Berlin 1991, 2. Aufl.: Altberliner Verlag Berlin-München 1994,
- Tausendundzweite Nacht, Gedichte. Verlag Neues Leben Berlin 1988, 2. Aufl. 1989,
- Der verzauberte Einbrecher. LeiV Verlag Leipzig 1994,
- Kindheit in der DDR. Hitzeroth-Verlag Marburg 1994.

TAGE UND NÄCHTE 5

Tausendundzweite Nacht 7
♪ Tausendunddritte Nacht 8
Offene Fenster 10
Frauenbild 11
♪ Jahrhundertelang 12
♪ Meinetwegen schaumgeboren 13
Die Traurigen 14
Brief meiner Freundin 15
♪ So ein Herbst 16
Rosenhochzeit 17
♪ Hochhausromanze 18
Diese Nacht 20
Ein Märchen 21
Antwort der manierlichen Brünetten an den Verehrten 22
Sie verlanget nach der Nacht 24
Verwünschung 26
Die Schatten 27
♪ Kleines Nachtgespräch 28
Edelmann, Lieber 30
Nein, ich will 31
Heimkehr 32
♪ Für Christian 33

SIEBEN NACHTSTÜCKE 35

GESICHTER 43

♪ Porträt einer Frau 44
Meiner Schwester 45
Für Maxie Wander 46
George Sand 47
Hölderlin und Susette G. 48
Annette von Droste-Hülshoff 50
Tod der Dichterin E.S. 52
Else Lasker-Schüler 53
Schirin 54
Bibi Chan 55
Sappho 56
Seefahrerinnen 57
Ich 58
Denkstein 59
Die Andere 60

♪ *vertont*

MEDAILLONS 61

Karla 62
Katharina 63
Gabriele 64
Johanna 65
Ingeborg 66
Schneewittchen 67
Tänzerin 68
Caroline 69
Christian 70

KINDERFARBEN 71

♪ Frühe Kindheit 72
Kindheit 74
Mein kleiner Junge 75
Meine Katze weiß mehr 76
Kleines Lied 77
♪ Mein kleiner Bruder 78
♪ Der Drache 79
♪ Der grüne Hund 80
Unser Umzug 81
Das Unglück 82
Beim Friseur 83
Mein blauer Tag 84

EIGENE UND FREMDE GÄRTEN 85

Petzower Herbst 86
Kirche Maria am Wasser 87
Neujahrsnacht 1977 88
Begegnung in Leningrad 90
Leningrad - Moskauer Bahnhof 92
♪ Der fremde Garten 93
Erinnerung an Gijon 94
Der Kaiser von China 95
Nacht in Kandy 96
♪ Sanssouci-Lied 98

ERINNERUNGEN 101

Insel Hiddensee 102
Gedächtnis Margot 103
♪ Regen rinnt 104
Liebeslied 105
Frühes Jahr 106
Klage im Herbst 107
♪ Nachts im Schnee 108
Winter 109
Die Novemberfrau 110

BEKENNTNISSE 113

Im Mai flog ich davon 114
Schöne Nacht 116
♪ Ein Sonntag 118
Drei Tage regnet's schon 119
Brief mit Antwort 120
Das Fest ist aus 121
Und dann ein Morgen 122
Trauriger Tag 123
Mein Geliebter kam 124
Der Abschied 125
Lange Wochen 126
Wieder diese graugrünen Tage 127
Weissagung 128

ABSCHIED 131

Mitte des Lebens 132
♪ Jede Liebe hatte eine andre Farbe 134
Einmal nur singt man das Hohelied 135
Schwarzer November 136
Fragment eines verlorenen Gedichtes 138
Es wird langsam Zeit 139
Siebentausendundsiebente Nacht 140
♪ Abschiedslied (vertont) 142

KLEINES NACHWORT 144

Christa Kožik 147

Beachten Sie bitte auch die folgenden Seiten

MärkischerVerlag Wilhelmshorst

Aus unserem Verlagsprogramm:

Wilhelmshorster − Peter Huchel: Wegzeichen. Ein Lesebuch. Auszüge aus Lyrik und Prosa, Anhang zu Leben und Bedeutung dieses großen deutschen Dichters. Hrsg. von Axel Vieregg. Mit Zeichnungen und Grafiken zum Werk. Harteinb., ISBN 3-931329-01-1.

Wilhelmshorster − Carl Steinhoff: 7 italienische Novellen. Vom ersten Ministerpräsidenten Brandenburgs übersetzt. Anhang zu seinem Leben und Wirken. Mit Zeichnungen v. Manfred Rößler. Harteinband. ISBN 3-931329-02-X.

In gleicher Ausstattung in Vorbereitung:

Wilhelmshorster − Edlef Köppen: Aufzeichnungen. Ein Lesebuch. Auszüge aus seinem literarischen Werk, Anhang zum Leben. Mit Grafiken, hrsg. von Jutta Vinzent. Harteinb. ISBN 3-931329-03-8.

Potsdamer Köpfe − Max Dortu: Zielt gut, Brüder! Das kurze Leben des Max Dortu. −Von Karl Gass. Mit diesem Band liegt erstmals eine Biografie über Max Dortu vor, eingebunden in einen Abriß der bürgerlichen Revolution von 1848/49, spannend und detailreich geschrieben. Taschenb., ISBN 3-931329-24-0

In gleicher Ausstattung erscheint:

Potsdamer Köpfe − Moritz von Egidy: Ich hab's gewagt. Vom preußisch-sächsischen Husarenoffizier zum Staatsfeind. Von Klaus Hugler. Egidy - braver, traditionsverpflichteter Soldat und Christ - revidiert seine Anschauungen im Laufe seines Lebens (1847-1898) und wird schließlich von den Herrschenden als „Aufrührer" und „Staatsfeind" selbst noch als Leiche bei seiner Trauerfeier observiert. Spannend und gegenwartsnah berichtet Hugler über die Wandlung Egidys und die zeitlichen und gesellschaftlichen Umstände jener Zeit. ISBN 3-931329-31-3.

Historische Editionen

Johann Heinrich Lehnert: Das Leben Friedrich Wilhelm III. - Königs von Preußen - in Paretz. 1845 beschrieb der Hofprediger Lehnert im Stil das Leben seines Königs auf Schloß Paretz. Im

Zusammenhang mit dem zur Zeit wiederentstehenden Schloß bekommen die Schilderungen einen neuen Wert und gewähren einen unmittelbaren frischen Einblick in das damalige Leben bei Hofe. Die Neuauflage hält sich an den Urtext und wird von Matthias Marr mit einem Nachwort herausgegeben. 90 Seiten mit farbigen Original-Lithografien. Harteinb. ISBN 3-931-329-29-1

Verwehte Spuren – Kerzendorf. Historisches Mosaik eines märkischen Gutsdorfes. Von Gerhard Birk. Historie und Geschichten des 620jährigen Dorfes incl. seiner hochherrschaftlichen Vergangenheit. Harteinb.
ISBN 3-931329-11-9.

Verwehte Spuren – Parochie Gröben. Historisches Mosaik zur Geschichte der Mark Brandenburg. Von Gerhard Birk. Ortshistorie und -chronik, Sagen und Familiengeschichten aus 7 kleinen märkischen Dörfern. Über 400 tlw. farb. Abb. und Karten, Orts- u. Personen-Register, Harteinband, ISBN 3-931329-19-4.

In gleicher Ausstattung erscheint:

Verwehte Spuren – Potsdams verlorene Mitte. Historisches Resümee über Verdrängungssünden in der Potsdamer Innenstadt im vorigen Jahrhundert. Von Hans Berg. Stadtschloß und Sakralbauten, markante Plätze und Profanbauten, Straßen und Bürgerhäuser, Stadt-Tore und -Kanal. Zahlr. (teilw. farb.) Abb. und Karten, Orts- u. Personen-Register, Harteinband, ISBN 3-931329-28-3.

Verwehte Spuren – Wietstock. Historisches Mosaik eines märkischen Ortes. Von Gerhard Birk. Frühere „Perle des Teltow", lange verkannt, heute wieder prosperierend. Harteinb., ISBN 3-931329-22-4.

Maximilian Böse: Im Zeichen der Eule – Geschichte und Geschichten vom Helmholtz-Gymnasium Potsdam. Das Helmholtz-Gymnasium, älteste Traditionsschule Potsdams, zählt zu den großen Schulen Ostdeutschlands. Beginnend mit dem hohen Mittelalter, die Umbruchszeiten des vorigen Jahrhunderts betonend, beschreibt ein Insider die Schulgeschichte. Über 6.000 Schüler, mehr als 300 Lehrer und 10 Direktoren haben die Schule geprägt und erlebt. Zu einigen prominenten Absolventen schildern Aufsätze Einblicke in das Schulleben. Harteinb. ISBN 3-931-329-14-3

Rupprecht/Hentze: Humboldt-Gymnasium 2000. Aktuelles Leistungsvermögen und 175jährige Geschichte der bekannten Potsdamer Bildungseinrichtung. Mit den Namen aller Direktoren, Lehrer und Abiturienten. Harteinb., zahlr. Abb., ISBN 3-931329-15-1.

VIADRINA. Die neuen Frankfurter Studenten 1992-97. Die ersten 5 Jahre der neugegründeten Europa-Universität im Spiegel pers. Berichte von Studenten, Professoren und Bürgern. ISBN 3-931329-08-9.

Belletristik

Martin Ahrends: Zwischenland – Autobiografisches Essay. Exkurs zu einer strapazierten Landschaft und zur jüngsten deutschen Geschichte. Roger Melis und Bernd Blumrich haben das ehemalige Grenzland Berlins eindrucksvoll fotografiert. Harteinb., ISBN 3-931329-00-3.

Heinz Thiel: Die nackte DEVA. Über 100 heitere und besinnliche Film-Anekdoten und über 20 Bonmonts aus 50 Jahren DEFA-Geschichte mit mehr als 60 Porträt-Karikaturen von Harald Kretzschmar. 139 Namen im Register sowie weitere 142 namentlich zitierte Mitwirkende. Taschenbuch, 195 S. ISBN 3-931329-12-7.
In gleicher Ausstattung erschienen:
Ilse Kobán: Routine zerstört das Stück oder Die Sau hat kein Theaterblut. Episoden und Bemerkungen anhand von Zitaten aus Briefen und Vorstellungsberichten zur Ensemblearbeit Felsensteins. Eine humoristisch-nachdenkliche Würdigung zum 50jährigen Bestehen der Komischen Oper. Gleichermaßen für Opern-Fans und -"Laien". Taschenbuch, mit 164 teils farb. Abb. ISBN 3-931329-13-5.

Die Sonne hinter Wolken sehen – 3. Anthologie mit Lyrik und Prosa des Literaturklubs für Behinderte Potsdam. Mit Feinfühligkeit und Optimismus reflektieren 15 Autoren ihre Umwelt und zeigen dabei dem Leser in Besinnlichkeit, Humor oder auch Drastik unsere schöne aber unvollkommene Welt aus anderer Sicht. Deshalb oder trotzdem verbreiten die Autoren Freude und Lebensmut. Taschenbuch, ISBN 3-931329-07-0.

Renate Groß: Endlich im Westen - Geschichten aus dem neuen Deutschland. Eine humorig-freundliche Replik zeigt das Leben einer ostdeutschen Arztfrau in einer westdeutschen Kleinstadt. Wahre Geschichten typisch deutsch-provinzieller Spießbürger, frustrierter Mütter und unerzogener Bälger hat die Autorin vergnüglich aufgeschrieben. Mit eingestreuten DDR-Kochrezepten. Taschenb. ISBN 3-931329-27-5.

In Vorbereitung:

Tina Keller: Rock'n'Love. Die 18jährige Mona spielt Baßgitarre und steht auf Hardrock. Sie geht nach Kalifornien, um sich ihren großen Traum zu erfüllen: sie gründet die Mädchenband „Lace". Aber sie liebt nicht nur ihre Musik, sondern auch den Gitarristen einer Star-Band. Die Probleme in der Rockszene, um Drogen und Liebe sind spannend geschildert. Harteinb. m. Schutzumschlag. ISBN 3-931329-17-8.

Waltraud Woeller: Märkische Kriminalgeschichten. Was im Mittelalter und mit einsetzender Gerichtsbarkeit in der Mark „gehauen, gestochen und gemordet" wurde, erzählt das Buch in kurzweiliger Art. Harteinband. ISBN 3-931329-07-0.

Kinder und Jugendbücher

Walter Flegel: Darf ich Jule zu dir sagen? Eine Jugenderzählung um ungewöhnliche Sommerferien an der Ostsee. Jule darf nicht jeder zu Juliane sagen. Nur die besten Freunde. Aber die sind alle weit weg. Öde und langweilige Ferienwochen drohen. Jule findet Freunde und wird fast zum Detektiv. Mit vielen Zeichnungen von Maren Simon. Harteinband, ISBN 3-931329-06-2.

Des großen Erfolges wegen nun auch die Fortsetzung:

Walter Flegel: Jule ist wieder da! Juliane erlebt neue Abenteuer in ihren Sommerferien auf der Insel Rügen. Ein Grabhügel aus der Bronzezeit, die gefährliche Rettung eines Mädchens vor dem Ertrinken sowie Leute, die Jule gar nicht mögen, begleiten die Leser durch den spannenden Ostsee-Urlaub. Harteinb. ISBN 3-931329-26-7.

Manfred Bofinger und Manfred Richter: Der Schickedietenheimer Turm. Mit seinen liebenswerten Zeichnungen hat Bofi das Märchen von Manfred Richter illustriert, in dem die Menschen von Schickedietenheim – wie überall auf der Welt – mit ihren kleinen Schwächen zusammenleben. Erst die Prahlsucht eines Schickedietenheimers und der Neid der anderen führen zur Katastrophe, aber natürlich dann auch zum guten Ende. Harteinb. Mit CD. ISBN 3-931329-16-X.

MärkischerVerlag Wilhelmshorst